명리의 정석시리즈(3)

命理
<3>

10천간 월별론과 사례분석 연구

김 동 환 지음

역술도서전문
여산서숙

命理시리즈를 발간하면서

　命理學을 오랫동안 학습하고 연구하면서 분야별로 간편하면서도 알찬내용으로 시리즈로 엮어보고 싶었으나 여러 가지 사정상 생각 뿐 이었는데 그동안 저의 저서로 학습하시는 독자제현들의 열화와 같은 성원으로 이 작업을 시작하게 되었습니다.

　일차로 命理시리즈 10권과 命理醫學시리즈 5권 등 15권을 年內로 출간할 예정입니다. 명리시리즈는 필자 김동환의 단독저서이며 명리의학시리즈는 고 변만리 선생님의 기존 발행 된 저서와 유작들로 정리 발간하였음도 알려드리는 바입니다. 혹 오자나 잘못된 부분이 있으면 참조해 읽어주시고 점차 재판을 하면서 수정하도록 하겠습니다.

　명리시리즈 중 "十天干 月別論과 事例分析 硏究"는 사주팔자를 간명하는 공식이라고도 할 수 있는 중요한 내용들과 주로 실전경험을 바탕으로 사례를 들어가며 알기 쉽고 이해가 빠르도록 편집되었으므로 초보자도 쉽게 이해가 되리라 믿습니다.

　모쪼록 본 명리시리즈가 독자학인여러분에게 다소라도 도움이 되었으면 하는 바램입니다.

壬寅年 立夏之節에
東廟己百齊易思室에서
筆者 金 東 煥 두 손 모음

목차

1, 甲 木 篇 / 07
   三春甲木 / 07
   三夏甲木 / 12
   三秋甲木 / 15
   三冬甲木 / 20
2, 乙 木 篇 / 25
   三春乙木 / 25
   三夏乙木 / 29
   三秋乙木 / 31
   三冬乙木 / 36
3, 丙 火 篇 / 41
   三春丙火 / 41
   三夏丙火 / 43
   三秋丙火 / 47
   三冬丙火 / 52
4, 丁 火 篇 / 56
   三春丁火 / 56
   三夏丁火 / 60
   三秋丁火 / 64
   三冬丁火 / 67
5, 戊 土 篇 / 70
   三春戊土 / 70
   三夏戊土 / 73
   三秋戊土 / 76
   三冬戊土 / 80

6, 己 土 篇 / 86
   三春己土 / 86
   三夏己土 / 92
   三秋己土 / 94
   三冬己土 / 98
7, 庚 金 篇 /101
   三春庚金 /101
   三夏庚金 /105
   三秋庚金 /108
   三冬庚金 /111
8, 辛 金 篇 / 115
   三春辛金 /115
   三夏辛金 /118
   三秋辛金 / 122
   三冬辛金 /125
9, 壬 水 篇 / 129
   三春壬水 /129
   三夏壬水 /133
   三秋壬水 137
   三冬壬水 /140
10, 癸 水 篇 / 143
   三春癸水 /143
   三夏癸水 /149
   三秋癸水 /152
   三冬癸水 /156

일러두기

　우리가 살아가면서 습관처럼 바꾸기 어려운 것도 없습니다. 50-60년대 까지만 해도 서적들이 종서로 발간되었으나 요즘은 모두 다 횡간(橫刊) 서적들입니다. 우리 역술인들이 쓰고 있는 사주팔자 기록은 지금도 대부분 종(縱)으로 즉 우에서 좌로 기록합니다. 더 가관인 것은 생년월일기록은 좌에서 우로 쓰기 쉽게 기록하지요. 이것이 정해진 공식인양 바꿀 생각들을 하지 않습니다. 길들여진 습관들을 굳이 왜 고치느냐는 식이라면 그대로 써도 큰 문제는 없습니다. 그러나 바꿔야 합니다. 요사이 살아남으려면 다 바꿔야 한다고들 합니다. 다 바꿀 수 없는 것이 있습니다. 가족입니다. 우스갯소리로 마누라만 바꾸지 말고 다 바꾸라고 합니다. 우리가 2020년대를 살아가고 있는데 수십 년 또는 수백 년 전의 방식을 그대로 쓴다면 되겠습니까? 바꿔 보십시오. 바꾸면 여러모로 편리합니다. 그래서 김 동 환의 저서들의 사주구성은 횡간으로 작성되었음을 알려드립니다. 요즘 30%정도는 바뀐 것 같으나 아직도 70%정도 옛날 방식을 고수 하고 계신 걸로 압니다. 그러나 명리는 위엄이고 폼이라고 하는 이들도 있으니 취향에 따라 편리한대로 쓰셔도 무방하다고 생각합니다.

　필자는 항상 새로운 책을 편집 할 때에는 고민을 많이 합니다. 명리는 한문을 쓰면 이해가 빠른데 한글로만 쓰자면 이해가 안 가기에 한글 한문 혼용을 선호하게 되는데 독자들은 한자가 많아 보기 힘들다고 원성이 많습니다. 그래도 최소한의 한자를 쓰지 않을 수 없음을 이해하시기 바랍니다. 아울러 한문지식이 부족한 분들은 진도가 좀 늦더라도 옥편을 찾아 한문공부도 병합진행 하다보면 자연스럽게 한자공부도 될 것입니다. 원래 명리학자들은 최소한도의 한자는 공부해야만 합니다. 그래야만 이해가 바르고 글자 수를 줄일 수 있어 편리합니다. 어찌 보면 많은 한문글자가 필요한 것도 아닙니다. 항상 쓰이는 글자들이 반복되기 때문에 숙지하기가 쉽습니다.

"십천간 월별론은 명리의 기본이 될 수도 있습니다. 반드시 익혀야 할 과정이라고 생각 하시고 차분한 마음으로 잘 익혀나가면 앞으로 사주팔자를 풀고 해설 할 때 많은 도움이 될 것입니다. 본서는 사례분석까지 하였으므로 이해가 빠르고 깊은 지식이 될 것이라 자신합니다. 처음 명리공부를 시작하신 분들은 이해가 가지 않는 부분이 많을 것입니다.

"필자에게 건의사항이나 상담 등 문의사항은 직통전화 02)928-8123으로 하시면 친절히 답변 드리겠습니다."

十天干月別論

 십간(十干)은 만물의 기(氣)와 상(象)으로서 계절에 따라 그 모양과 기(氣)가 달라진다. 질(質)과 양(量)이 변하고 용도(用途) 또한 달라진다. 10간은 사주의 간성(干城)이므로 그 왕쇠강약(旺衰强弱)을 계절에 따라 살피는 것은 극히 중요한 과제다. 이제 그 계절에 따라 변화하는 10천간의 변모를 살펴보기로 한다.

甲木篇

春甲木論<춘 갑 목 론>

 봄철인 1, 2, 3월의 甲목은 丙화로서 빼어난 기운을 꽃피게 하고 癸수로서 기르고 庚금인 연장으로 가지치기로 다듬으면 최고의 우량목재가 되어 인생사에서 이름을 떨칠 수 있다. <춘삼월(春三月)의 甲木은 丙火로서 수기(秀氣)를 발화(發華-필 발, 꽃 화)하고 癸水로서 자양(滋養)하며 庚金으로서 전지(剪枝-자를 전, 가지 지)하면 일품(一品)의 수목(秀木-빼어날 수, 나무 목)으로서 양재(良材-좋을 양, 재목 재)가 될 수 있고 이름을 떨칠 수 있다.>

<1> 寅月甲木

 초춘(初春)은 아직 여한(餘寒-남을 여, 찰한)이 있으니 丙화로서 따뜻하게 보살피면 제한(除寒-차가움을 억제)과 더불어 생기가 발랄 해진다. 癸水로서 자양(滋養)하면 무럭무럭 자라나니 금상첨화다. 丙癸가 병투(並透-아우를 병, 통할 투)하면 부귀가 쌍전(雙全-쌍 쌍, 온전 전)하고 계장병투(癸藏丙透-癸수는 장간에 있고 丙화만 천간에 나타남) 역시 부귀 하며 병장계투즉(丙藏癸透則-丙은 암장 되고 癸水만 천간에 나타남) 수재(秀才)이고 丙癸가 전혀 없으면 보통사람의 팔자다. 일파경신즉(一派庚辛則-한 줄로 庚辛이 나란히 나타남)평생노고(平生勞苦)하고 극처자(剋妻子)하며 일파임계즉(一派壬癸則-한 줄로 壬癸가 나란히 나타남)수다부목(水多浮木)하여 죽을 때 관(棺)이 없이 객사(客死)하고, 일파무기즉(一派戊己則-한 줄로 戊己가 나란히 나타남)부옥빈인(富屋貧人)이며 정투즉(丁透則-정이 천간에 나타난즉) 목화통명(木火通明)하니 총명하고 정계병투즉우유(丁癸並透則迂儒-丁癸가 나란히 나타난즉 세상물정모르는 선비)이며 계다일정칙간웅(癸多一丁則奸雄-癸는 많고 丁이 하나만 나타난즉 간사한 남자)지성금국(支成金局)하고 경신다투(庚辛多透-庚辛금이 많이 천간에 뜨면)면 잔병(殘病)이 많다. <초봄이니 아직 차가운 기운이 남아있어 丙火를 쓴다.

| 乾命 | 庚申 | 戊寅 | 甲寅 | 丙寅 |

| 乾命 | 庚申 | 戊寅 | 甲午 | 庚午 |

正月甲木은 丙火가 없어서는 안 된다. 火가 있어 木火傷官을 이루면 총명하다. 만약 火局을 이루어 설기(泄氣)가 지나칠 때는 반드시 지지에 亥水가 있어 木을 윤택(潤澤)하게 해주어야 중화를 이룬다. 그렇지 않으면 火旺하여 木은 분목(焚木)되니 인생사에서 항상 재앙과 질병이 따르게 된다.

甲寅일주는 신태강(身太强)하여 丙火로 설기시킴이 좋고 목다금결(木多金缺)로 庚金이 약하면 문제인데 庚申금이라 좋다. 다만 조열한 것이 문제가 된다. 대운까지 南方火運으로 흘러 걱정이나 木火通明의 사주로 食神生財로 이어진다. 본명은 寅中戊丙甲이 투출(透出)되고 申中壬水가 있어 아주 메마르지는 않다. 壬운에 벼슬을 하였다고 한다.

甲午일주는 得令(얻을 득, 우두머리 령)은 하였으나 失支 失勢(잃을 실, 기세 세)로 허약한 팔자이다. 三合火局을 이루어 설기가 지나치게 심하다. 설기가 이렇게 심하면 주인공은 총명이 지나쳐 어리석고 나약한 사람으로 재앙과 질병이 따른다.

위 甲寅일주와 같이 木이 많거나 木局을 이루면서 庚금을 얻으면 귀하게 되지만 庚金이 없으면 흉하게 되어 스님이 되거나 男命은 홀아비로 고독하게 살고 女命은 과부로 외롭게 살아가게 된다. 무관(無官)의 이치로 과부의 팔자이며 木多土崩(木이 많으면 土가 붕괴된다)의 이치로 홀아비가 된다.

<2> 卯月甲木

태과하다(많은 목이 왕한 계절의 甲木 이라는 뜻이고 제인(制刃이란 卯목이 양인이니 그 강해진 甲木을 庚금 칠살로 눌러 억제시킨다는 것이다. 그 殺이 바로 官이 되니 무관으로 본 것이다. 財로 자양한다 함은 재성인 土로 庚金을 생하게 함을 뜻하고 그러면 영웅 같은 큰 인물이 된다.<太過하니 庚殺로 制刃하면 武官으로 出世하고 財로 자살(滋殺)하면 영웅으로 만인을 억압한다. 원래 2월 甲木은 무성(茂盛)하니 庚金으로 전지(剪枝-가지치기)해야 하고 戊土로 뿌리를 북돋아주면 일품의 양재(良材-우량재목)가 된다. 春庚(봄철 경금)은 무력(無力-힘이 없음)하니 丁화로서 연금(鍊金)하면 이름을 크게 떨친다. 無庚하고 刃多(경금은 없고 卯목이 또 있으면)하면 力旺(힘이 왕성하여)하고 무용(無用-쓸모가 없다)니 성정이 횡폭(橫暴-사납다)극처파재(剋妻破財-아내를 극하고 재물을 파헤친다)가 심하다.>

乾命	乙亥	己卯	甲申	乙亥

乾命	甲午	丁卯	甲寅	丁卯

위 甲申일주는 卯月의 甲木이 年時干에 乙木이 쌍으로 투출되고 年 時支의 쌍亥水의 부조를 받으니 신태강한 팔자이다. 본명은 살인상생(殺印相生)된다 하더라도 원래 2월木은 습목(濕木)으로 음농습중(陰濃濕重-음기가 짙어 습함이 무겁다)함을 꺼리므로 財殺로 인하여 곤란하게 되어 殺印格으로써의

가치를 읽게 된다. 財生殺 하여 중(重-무거운)한 살을 원치 않고 홀로 있는 살이어야만 권세를 누리게 된다. 만약 庚금이 중첩(重疊)되고 比劫이 약하다면 寅月木이 庚金을 거듭 보는 것과 같아 삶이 힘들고 노력하여도 가난한 命이다. 여기서 중인(重刃)이란 것을 짚고 넘어가야 할 것 같다. 本命과 같이 卯木 羊刃殺이 있고 乙木이 천간에 쌍으로 투출됐을 때를 말하는 것이 아니고 甲申일주와 같이 지지에 卯木을 거듭 보는 것을 重刃(무거울 중, 칼날인)이라고 하는 것이다. 위 甲申일주는 火가 없는 것이 결점이다. 木이 旺하면 火의 불빛이 빛남도 당연하지만 洩氣의 힘으로 세상살이가 편안하고 장수하게 된다.

　위 甲寅일주는 5木 3土로 양신성상격(兩神成象格)이다. 庚金이 없어 富는 이루어도 貴는 멀어진다. 운이 南方火운으로 흘러 걱정이지만 두 干이 혼잡 되지 않고 木火通明으로 이루어진 명조라서 사람 됨됨이가 맑고 아름다우며 자손이 현명하다. 本命은 丁火를 취용(取用-취해 씀)해야 하며 초년대운인 戊辰 己巳운은 財운으로 설기시켜 길하였다하나 庚午 辛未 운은 食官運이라 설기의 기운이 강하여 불안하다. 만약 柱中에 癸水가 하나라도 암장 되어 있다면 南方火운으로 흘러도 흉하지 않다.

乾命	壬寅	癸卯	甲子	甲子
수	3　13	23　33	43　53	63
대운	甲辰　乙巳	丙午　丁未	戊申　己酉	庚戌

　위 甲子일주의 주인공은 4水 4木으로 구성된 水木사주로 양신성상격(兩神成象格)인 특별한 사주이다. 선비의 사주로

삶은 운에 의해 좋을지라도 처자가 없는 형상이니 고독하고 외로운 팔자이다. 본명은 필자가 오래전에 직접 看命한 命造로 처자식이 안 보인다고 했더니<無財無官사주여서 한말>교수로 외국에 처자식을 두고 혼자 귀국해 살아간다고 하더라고요, 다 팔자 소관이라고 말해주고 그렇게 살지 않으면 벌써 부부지간 파경이요, 유랑객 같이 부평초인생으로 살아가야 할 팔자여서 <비록 甲木이라도 흙인 土가 없어 한말> 고독하게 살아가야 한다. 운이 南方火運으로 운행 되어 木火通明으로 좋았고 중년이후에는 官운으로 잘 살아갈 命이다. 학자인 선비의 팔자여서 교수로 봉직 할 것이고 운의 흐름이 원만해서 나름대로 살아가는 것은 걱정이 없지만 외롭고 고독한 상이라 술과 벗 삼아 살아간단다.

<3> 辰月甲木

양기(陽氣)는 상승(上昇)하고 土旺하니 水氣가 딸린다. 그러므로 무성한 나뭇가지부터 전지(剪枝)해야 하고 다음에 壬水를 써야 한다. 庚壬이 병투(幷透-함께 나란히 나타남)하면 부귀를 겸한다. 丙화가 다출(多出)하면 갈수(渴水)가 심하니 生氣가 마르고 발신(發身)하기 어렵다.

1980년03월07일17시생				
坤命	庚申	庚辰	甲子	壬申
수	5	15	25	35	45	55	65
대운	己卯	戊寅	丁丑	丙子	乙亥	甲戌	癸酉

이 사주는 여자로서는 매우 강한 양팔통의 명조에 관살이 태왕한데 지지전국이 三合水局(申子辰) 을 이루면서 살인상생으로 나를 도우니 매우 순(順)한 사주로 변했다. 대운 또한

東方 木운으로 시작하여 北方 水운인 통관용신(通關用神) 운으로 흘러서 甲木의 기상을 펼칠 것이다. 이여성은 미국에서 무역에 관한 대기업의 신망 받는 여성사원으로 재직 중이다.
 다시 사주해설로 들어가자면 火가 없어도 양기(陽氣)가 상승(上昇-위상, 오를 승)하는 봄철이라 문제없고 三合水局을 이루어 물이 딸리지 않고 庚壬이 병투(幷透-함께 나란히 나타남)하면 부귀를 겸한다. 하였으므로 걱정이 없으며 三神相生格으로 化한 사주에 30년간 북방수운이라서 승승장구 할 것이다.

夏 甲 木 論 <하 갑 목 론>

양왕음허(陽旺陰虛-여름철이라 양기는 왕성하고 음기는 약함)하니 먼저 癸水를 쓰되 庚금으로 가지를 치고 生水하여야 한다. 丁화로서 庚금을 연금(鍊金)하면 전지(剪枝)가 멋지고 水氣를 보전(保全)하니 일품의 우량재목으로 쓸 수 있다.

<4> 巳月甲木

 巳월은 木의 기운이 사라지는 시기니라서 물인 水와 연장인 庚금과 제련할 丁화를 함께 쓰면 최고의 우량재목이 된다는 말이다. 그러나 연장인 金이 턱없이 많으면 木이 상하니 이럴 때에는 壬수로 통기시키면 크게 편안하다는 말이다. 그런데 살인상생 되는 팔자는 말도 좋아하고 잘하는 달변가이면서 문장가이기도 하지만 말로인하여 화(재앙)를 부리기도 한다. <木休인 달로 乙木은 왕성하고 木氣인 甲木은 退氣하니 先用癸水 庚丁을 竝用하면 天下一品 人材다. 庚이 太多하면 甲이 傷하니 壬水로서 殺印相生하고 中和시키면 安泰하다. 殺印相生자는 好辯好談하고 好作詩文하여 好作禍亂한다.>

坤命	乙巳	辛巳	甲申	甲戌

수	2	12	22	32	42	52	62
대운	壬午	癸未	甲申	乙酉	丙戌	丁亥	戊子

 이 사주는 甲木이 배우자궁인 일지에 申金을 놓아 甲木은 절지에 앉아 배우자와 무정할 것이며 사주 원국을 살펴보면 辛金 정관은 乙辛 충도 되지만 巳火 위에 앉아 무력하므로 무정한 남편일 것입니다. 巳월의 甲木이 인수인 水가 없다 하여도 巳申이 合水하고 대운이 金水로 운행되어 잘 나가는 의사 아내가 되었음에도 무정한 남편에 대한 불만은 있는 것이다. 이 사주는 申金 관성이 있음에도 자신이 官을 쓰는 사주가 아니라서(巳申合去) 남편의 덕으로 살아가는 팔자지요,
 甲申대운에 관운이 들어 결혼 했을 것이고 丙戌대운은 부부갈등이 고조 되는 火土로 火庫지 운이고 丁亥대운은 巳亥沖으로 巳申合이 깨지면서 신상에 변화가 발생 하게 된다.
 이 사람은 운이 좋아 잘 살아온 것이고 잘 살아 갈 것이다. 그러나 巳戌원진이 붙고 부부해로 하기 힘겨운 사주다.

<5> 午月甲木

5월 여름은 목성이 허하고 타고 마르기 때문에 癸수와 庚금을 동시에 써야하고 만약 丙화가 많이 천간에 나타나면 癸수가 힘이 없어 목기가 타므로 간 기능이 허하고 시력이 감퇴 되거나 심하면 실명 즉 보지 못하게 될 수도 있다. <목성(木性)이 허(虛)하고 초조(焦燥-탈 초, 마를 조)하니 癸庚을 병용(竝用)한다. 丙화가 다출(多出)하고 癸水가 무력(無力)하면 간기(肝氣)가 허하고 시력(視力)이 감퇴(減退)하여 실명(失明)하기 쉽다.

2007년05월15일15시출생						
乾命	丁亥	丙午	甲午	辛未		
수	8	18	28	38	48	58	68
대운	乙巳	甲辰	癸卯	壬寅	辛丑	庚子	己亥

이 사주는 午月의 甲木이 午日 未時를 만나고 丙丁火가 월과 년간에 나타나서 火기가 하늘을 찌를 듯이 강하다. 년지 亥水가 아주 미약한 상태이고 辛금은 녹아 내려 버렸다. 金水가 있어도 역할이 안 되는 팔자이다. 사람의 신체로 말하면 머리인 木이 다 타서 없어진 경우로 보아 신체에 문제가 있을 수 있는 팔자로 보아야 한다. <신체장애자인 저능아란다>부모님께서 아들 사주를 물어 와서 사실대로 설명해 드렸더니 팔자소관 이었군요 하더라. 당시 15세였는데 18세 이후 甲辰대운에는 좀 좋아질 가능성이 있다고 희망을 드렸다. 사주학적으로 甲辰대운은 甲목에 의지하고 辰토에 뿌리 내리며 辰토는 습토라서 火의 기운을 빼내는 데 가장 좋은 습토이기에 한말이다.

<6> 未月甲木

늦여름 폭염이 찌는 계절이지만 이미 음기가 생하니 庚金과 丁火로 무성(茂盛)한 가지를 치고 다듬으면 우량목(優良木)이다. <未月은 늦여름 하절(夏節)이라도 二陰이 生하니 庚金과 丁火로 무성(茂盛)한 가지를 치고 다듬으면 우량목(優良木)이다. 未月甲木은 庚金 도끼로 다듬고 丁화로 木火通明하면 자연 大富大貴 할 수 있다. 그러나 丁火가 太多하면 설기(泄氣)가 심하니 상인지명(常人之命-보통사람의 팔자)이다.>

乾 命	\multicolumn{6}{c	}{1973년06월28일卯시생}
	癸 丑	己 未	甲 子	丁 卯		

수	7	17	27	37	47	57	67
대운	戊午	丁巳	丙辰	乙卯	甲寅	癸丑	壬子

　위 사주는 원국(原局-사주 판 즉 사주 여덟 글자)을 잘 읽을 줄 알아야만 사주를 잘 볼 수 있는 것이다. 위 사주의 특징은 합 충 형과 살을 포함한 특징이 많다.
(1) 천간에 甲己합과 멀기는 하지만 丁癸충이 보입니다.
(2) 年月支에 丑未충으로 재성 충이 보입니다.
(3) 月日支에 子未원진이 군요, 고부갈등으로 봅니다.
(4) 日時지에 子卯형살이 보이고, 甲子 효신살도 됩니다.
(5) 時支卯목이 양인살을 놓고, 無官사주로군요,(無金)
　이정도면 사주 네 기둥에 여덟 글자 다 읽은 것이니 인간사에 사주팔자를 대입시켜보는 연습을 해야 한다. 이렇게 合 沖 刑이 많은 사주는 삶이 순탄하지 않지요, 성정은 착한 것 같지만 약간 포악 할 수 있고 착하다함은 인수가 있다는 점에서 한 말이고 포악함은 양인에 형살 또는 未월이니 더워서 자기가 잘 살아가기 위해 몸부림치는 형상에서 포악함이 나온 것이고, 그러나 무관사주이니 출세보다는 돈 버는 쪽으로 갔을 것이고 운이 좋아 나름대로 잘 살아갈 것이다.

秋甲木論 <추 갑 목 론>

 가을철의 甲木은 성숙(成熟)한 거목(巨木-큰 나무)이니 丁庚으로 벌목(伐木)하여 동량지재(棟梁之材-기둥이나 대들보로 쓸 큰 나무)로 가공하면 일품의 대재(大材)가 될 수 있다. 丁庚이 없다면 양공(良工)을 얻지 못한 대목(大木-큰 나무)처럼 무용지물이 되고 고목(枯木)이 될 수밖에 없다.

<7> 申月甲木

 庚금이 旺하니 먼저 丁火를써서 庚金을 연금(鍊金)하고 다듬어진 庚金 도끼로서 甲木을 제재(製材)하면 富貴를 겸한다. 庚多하고 無丁이면 순금(純金)으로 제목(制木)하니 불안과 조심성이 많고 잔질(殘疾) 또한 많으며 승도지명(僧道之命-스님의 팔자)이다.

1956년07월30일申시생				
坤命	丙申	丙申	甲戌	丙寅
수	9	19	29	39	49	59	69
대운	乙未	甲午	癸巳	壬辰	辛卯	庚寅	己丑

 본 명조는 양팔통의 사주로 木火의 기운이 강한 사주다. 관성인 부성(夫星)이 맥을 못 춘다 그러므로 남편의덕이 적다. 庚寅대운은 甲庚충 寅申충으로 天沖 地沖인데 甲午년을 만나면 寅午戌 삼합 火局을 이루니 申금이 충파 당한다.<남편이 사경을 헤매고 있다.> 丙子월이 되면 火는 강해지고 申금은 상관에 설기 되어 남편이 사망 할 수도 있게 된다. 성정이 좀 포악 할 것이고 내지르는 성격일 것이다.<성정은 월지 편관 칠살이고, 불기운인 식신이 강해서 활동성 또는 속에 감추지 못하고 내 지른다> 말년 운은 좋다.

<8> 酉月甲木

酉월은 金이 왕하고 木이 쇠약한 계절이니 丁화로 金을 억제 보호 하면서 丙화로 차가운 기운을 제거하면서 庚금 연장으로 다듬으면 인생사에서 부귀를 누릴 수 있다. 그러나 丙丁화가 없고 庚辛금만 왕성하면 중 팔자이며 癸수가 많이 나타나 불기을 억제하면 보통사람의 팔자이다. <금왕목쇠(金旺木衰)하니 우선 丁火로서 제금(制金)하고 호목(護木)하고 丙火로서 차가운 기운(寒氣)를 제거하면서 庚金으로 제목(製木)하면 부귀(富貴)를 누릴 수 있다. 丙丁이 없이 庚辛만 왕성(旺盛)하면 승도지명(僧道之命)이요, 癸水가 다출(多出)하여 제화(制火)하면 상인지인(常人之人)이다>.

1955년08월15일寅시생							
坤命	乙未	乙酉	甲午	丙寅			
수	3	13	23	33	43	53	63
대운	丙戌	丁亥	戊子	己丑	庚寅	辛卯	壬辰

위 사주는 酉월의 甲목이 丙寅시를 만나고 일지에 午화를 놓고 4木으로 비겁이 중중(重重)하다. 성숙(成熟)한 거목(巨木)이니 丁庚으로 벌목(伐木)하여 동량지재(棟梁之材-기둥이나 대들보)로 가공하면 일품의 큰 재목이 될 수 있겠는데 丁庚이 없으니 양공(良工-좋은 연장)을 얻지 못한 큰 나무이어서 화목(火木-불 때는 나무)으로 사용해야 할 나무다. 酉월 차가운 기운(寒氣)는 丙午화로 막을 수 있어 좋으나 연장인 庚금 도끼가 없는 것이 이 사주의 결점이다. 丙戌대운은 안 좋았고(寅午戌) 丁亥대운은 좋았으나 戊子己丑운에 죽을 고생을 하다가 庚寅대운부터 발복하여 壬辰대운까지 잘 살고 있다.

<9> 戌月甲木

성숙(完熟)한 巨木이니 丁庚으로 제재(製材)하면 大材를 이룬다. 無庚하고 有比劫하면 심산대림(深山大林-깊은산 속 큰 나무)에 저버린 巨木이니 평상지인이요, 무용지물이다. 無庚하고 有丙丁이면 火木으로 숯을 구어 파는 것이니 꾸미고 창작하는 글재주는 뛰어나나 성사하기 어렵다. 지지에 火成局하면 秋木을 불로 태우는 것이니 무능하고 고독하며 사기성이 많고 하천(下賤)하게 살아간다.

1976년09월07일20-21시생				
坤命	丙辰	戌戌	甲寅	甲戌
수	7	17	27	37	47	57	67
대운		丁酉	丙申	乙未	甲午	癸巳	壬辰	辛卯

미혼인 노처녀의의 사주이다.<간명당시 38세>도대체 왜? 결혼이 안 이루어질까 궁금하실 것 같아 결혼 얘기부터 해주었으면 좋겠는데 사주보는 순서가 있어서 사주팔자의 구성부터 설명하려고 한다. 보통 사람들은 다섯 손가락으로 살아가면 매우 편리하고 불편한 점이 없는데 만약 세손가락만 있고 두 손가락이 없는 사람은 어떠할까요? 세손가락만으로 살아가려면 어딘지 모르게 불편한 점이 있겠지요? 그와 같이 사주팔자에도 오행이라는 다섯 가지가 있는데 이 사주에는 오행이 세 가지로만 구성된 팔자이니 없는 부분이 문제가 되는 부분이다. 그러나 살아가는 데는 궁색하지는 않겠다.<역술용어로 양팔통사주에 재다신약 한 명조라 그럽니다. 거기에다가 무관사주이고요, 운까지 남방火운으로 흘러 내 몸 볶살라서 살아가야하는 팔자다.>

이것이 사주의 요점인데요, 지금부터 알기 쉽게 하나하나 풀어서 말씀 드리려 한다. 이 세상에는 모든 만물이 음양으로 구성되어 조화를 이루면서 살아가게 되는데 사주도 음양이라는 것이 있는데 이 사주에는 음은 없고 양으로만 구성되어 조화롭지 못하다. 이점이 단점이고 그러나 양팔 통 남자들은 출세하고 잘 되는 사람들도 혹 있으나 그렇지만 여자의 팔자에 양팔 통이면 팔자가 드세다 그런다.

여자든 남자든 결혼이 매우 중요한데 이 사주에는 남자의 별이 없다. 역술용어로 무관사주 그러는데요, 무관(無官)이란? 관성이 없다는 말이다. 관성이 여자 사주에서는 지아비 부자를 써서 남편의 별(夫星)인데 그 별이 없어서 남편의 복이 적을 수도 있고 있어도 없는 듯이 살 수도 있는데요, 이 사주는 아예 들어오기를 거부하는 팔자지요. 사주에는 배우자궁(宮-배우자의집) 과 성(星-배우자의별)이 있는데 이 사주의 배우자궁에 배우자의 별이 아주 싫어하는 오행이 놓여있으면서 못 들어오도록 거부하는 형상인데요, 그래도 운이 좋으면 억지로라도 들어올 수 있는데 운에서 배우자의 별을 또 거부하고 있다. 그럼 영원히 배우자가 못 들어오느냐고 묻고 싶으시죠, 그렇지는 않다. 예를 든다면 2014년 갑오(甲午)라는 말 띠 해가 되는데 이런 해는 살포시 배우자가 들어올 수 있다. 말 띠의 해가 되면 배우자궁에서 배우자를 거부하던 별이 갑자기 흐물흐물해서 배우자별을 보고 어서 오십쇼, 하고 환영하는 형국이다(寅午戌 삼합으로 배우자궁에 합이 되는 해 결혼 수 뜬다, 그럽니다) 최 선생은 2014년 말 띠 해에 결혼 못하면 영원히 못 할 수가 있어요, 그래서 진심으로 충고 합니다. 내 주위 사람들 다 동원해서 결혼에 신경 써야한다. <별난 사람들의 별난 사주에서 발췌>

冬甲木論 <동 갑 목 론>

겨울철은 물이강한 계절이어서 戊土로 막고 火로 따뜻하게 하고 금인 도끼로 다듬어야 큰 재목이 되니 인간사에서는 부귀공명 할 수 있게 된다. <水旺하니 戊土로서 制水하고 丁庚이 병출(竝出)하여 제재(製材)하면 부귀를 겸 할 수 있다. 壬癸水가 투출(透出)하는 것을 크게 꺼린다.>

<10> 亥月甲木

戊己土가 투출하여 制水하고 丁庚이 竝出하여 製材하면 大成한다. 戊土는 없고 己土만 있으면 小貴일 뿐이다.

乾命	壬辰	辛亥	甲子	甲戌		
수	8	18	28	38	48	59	68
대운		壬子	癸丑	甲寅	乙卯	丙辰	丁巳	戊午

위 사주는 천안에서 철학관을 운영하는 원장의 사주로 천하의 甲木이 亥월을 만나고 子일과 辰년을 만나서 水多한데 년 월간에 壬辛 金水까지 나타나 물에 빠져 허우적거리는 형상으로 초년 대운에 壬子 癸丑 운을 만남으로 조실부모하고 힘겹게 살다가 甲寅대운에 결혼도하고 자녀도 남매나 두고 다복한가 싶더니 乙卯대운에 신병으로 천신만고하면서 역술공부를 시작하여 근근이 처덕으로 살아가다가 丙辰대운을 만나면서 발복 발재(發福 發財) 하여 丁巳운으로 이어지면서 부자가 되었고 승승장구한다. 戊午 운까지 잘 나갈 것이나 戊午대운에 왕신충발(旺神沖發)함이 마음에 걸린다. 여기서 중요한 것은 甲寅목과 乙卯목의 차이점과 丙辰 丁巳 戊午대운은 火土로 제수 조후(制水 調喉)를 다 동원하여 발복한 것이다.

<11> 子月甲木

이 대목에서는 의미심장한 말이 많아 자세히 설명하려한다. 얼동설한 甲목이기에 丙丁이 함께 나타나야 한다고 말한 것이고 庚금 쇠, 도끼 연장을 얻어 큰 나무를 다듬어야 기둥으로 대들보로 쓰이게 된다는 것이고, 寅목과 巳화를 보면 寅은 祿지요, 巳화는 불이니 생기를 얻게 된다. 또 지지에 水局이 이루질 경우와 거기에 壬수가 천간에 나타나면 홍수 진 것으로 물에 떠내려간다는 의미로 객사를 또 신체를 넣을 관이 없다는 말은 수장(水葬)됨을 말 한 것이다.
<丙丁火가 병출(竝出)하고 득경제재(得庚製材)하면 천하일품의 인재(人材)로서 이름을 크게 떨친다. 지지에 寅巳가 있어야만 생기기득차고 좋으나 만약 寅巳가 없으면 한냉(寒冷)하니 小貴하다. 癸水가 剋丁하고 無土면 잔질(殘疾)이 많고 지성수국(地成水局)하고 임투(壬透)하면 객사(客死)하고 관(棺)도 없다.>

1947년10월29일朝子시생						
乾命	丁亥	壬子	甲子	甲子		
수	1	11	21	31	41	51	61
대운	辛亥	庚戌	己酉	戊申	丁未	丙午	乙巳

위 사주는 水木사주로 봐야합니다. 年干에 丁火가 있다 해도 꺼진 불이요, 丁壬合去로 보기 때문입니다. 이분은 교육자 사주지요, 편인성이 강하므로 제도권을 벗어난 학문으로 보아야 하기 때문에 역술 선생이 천직입니다. 이 사주는 財官이 전무하므로 장사꾼은 아니고 선생이지요, 비록 甲木 이라도 부목(浮木)되어 火土 운에 발복합니다. 왜, 火土운이 좋다고 하는 것인가요? 年干 丁화는 없는 불로 봐야 합니다. 丁壬 합도 보지만 왕한 水에 의한 제화(制火)로 보고 한수에 동목(寒水에凍木)이라서 나무가 꽁꽁 얼어 火로 조후하고 土에

뿌리내리고, 土는 왕수(旺水)를 막아줍니다. 土운 이라고 다 좋은 것은 아니고 戊土나 戌未 조토(燥土-마른 토)는 좋지만 己토나 丑토는 습토라 왕수를 감당 못하여 약간 불리합니다. 다행이도 41대운부터 남방 火운인 丁未, 丙午운이 와서 무난하게 살았을 것이지만 午운은 왕신충발(旺神沖發-왕한 신을 건드리면 발동 또는 대노하여 신변에 불리한 일 발생) 되어 세운이 나쁠 때에는 기복이 심하지요, 다만 역술관계 업을 하는 사람들은 운의 작용 덜 받기에 무난했을 것입니다. 61세 乙巳 대운부터는 하향 길을 걷게 되니 확장은 금물이고 이대로가 좋 그럽니다. 신변에 이사 이전 등 의 일이 발생하게 됩니다. 왜? 불리한 운이며 이사 이전은 어떤 때문 인가지요? 乙목은 습목(濕木)이라 왕수를 감당 못하고 巳화는 지살이고 巳亥가 충 하여 변화로 보기에 한 말입니다.

　이 사람 역술선생 안 했다면 방랑생활에 떠돌이 인생이었을 것입니다. 그리고 대운이 만약 水金 운이었다면 아마도 신을 받아야 할 팔자이고요, 다행히도 중년이후 남방화운이 살려준 것이지요, 이해가 좀 되셨나요, 그런데 어떤 사람들은(格局用神派) 水木사주로 水가 와야 발복한다고 하는 이들도 있을 겁니다. 그렇다면 51세부터 현제 운까지 丙午, 乙巳, 火 대운에 망하거나 죽어야 하는데 지금 역술학원 잘 운영하고 있습니다. <실전사주간명사례108제에서 발췌>

<12> 丑月甲木

 한냉(寒冷)이 극심하니 생기가 없다. 먼저 庚金으로 甲木을 쪼개어서 丁火로 인화(引火)하면 木火通明하고 火光이 충천(衝天)하여 많은 사람들이 모여들고 만물이 생기를 얻으니 만인지상의 큰 재목이 된다. 丑月은 조후(調候)가 우선이라는 말이다.

1982년12월03일辰시생				
乾命	壬戌	癸丑	甲辰	戊辰
수	6	16	26	36	46	56	66
대운	甲寅	乙卯	丙辰	丁巳	戊午	己未	庚申

　　본명은 사주구성이 모두 괴강살 백호살로 이루어진 특이한 팔자이다.(괴강은:魁-으뜸괴 罡-별이름강=으뜸 최고를 뜻하기 때문에 乾命은 吉하나 坤命은 凶으로 봅니다)네 기둥이 괴강 백호로만 이루어 졌다면 대단히 강한 살로만 구성된 셈이다. 괴강의 의미는 辰과 戌인데 그중에서 壬辰 壬戌 庚辰 庚戌 의 4日로서 格을 정하는바 일주가 괴강 이면서 타주에 다시 만나야 하고 신왕 함을 기뻐한다. 이격은 과단성이 있어 발복하는 것이나 형봉 형충(逢刑 逢冲)이면 발동해 재앙을 불러오기도 한다.

逢刑하면 受笞鞭(受-받을 수. 笞-볼기칠 태. 鞭-채찍 편자로 볼기맞고 매질 당함을 뜻한다) 형충 형봉(逢冲,多逢)이면 소인배이거나 형벌재화(刑罰災禍)가 연달아 일어난다고 한다.

　　이와 같이 구성된 사주는 대체적으로 강한 살성으로 구성되었기 때문에 형권을 잡으면 출세하지만 반대라면 문제의 소지가 많아 살아가면서 막히고 힘든 일을 당하게 된다.

특이한 점은 丑中癸水가 투출되고 戌中戊土와 辰中癸水와 戊土가 透干 되어있는 상태에서 丑戌刑을 하고 있어 辰 丑 戌 未土가 와서 건드리면 발 동 하게 되는데 본명조의 주인공도 2003년 癸未년에 교통사고로 사람이 죽었으나 합의하고 과실치사를 적용해 집행유예로 풀려났으며 특히 癸수와 未土가 동시에 들어와 刑殺을 먹었기 때문이 더 힘이 쎄게 된 결과다.

이와 같이 백호는 건드릴 때 발동이 걸린다는 점과 대운에서 만나는 백호는 나이별로 유형을 달리 보아야 하는데 10대에는 수술 상처로 보고, 20대에는 진로 결정의 시기이므로 약대 의대 예체능 식품영양학 조리사 등으로 보아야 하며, 30대에는 부부갈등 다툼 사업자라면 음식점 유흥 미용 메이크업이 좋고, 40대에게는 소송 인사사고 사고 수술로 몸에 칼 댈 일이 발생한다. 60대 이후에게는 암 발병 건강 자손 소송문제로 본다.<별난 사람들의 별난 사주이야기 108제에서 발췌>

乙木篇

春乙木論<춘을목론>

봄철의 乙木은 여린 난초와 같아 丙火로 키우고 癸水로 먹여 살려야 하며 쇠인 金은 싫어한다.<春三月의 乙木은 지란고초(芝蘭藁草-지초나 난초 쑥 같은 마른풀과)로서 태양 丙火로 따뜻하게 기르고 癸水로서 자양(滋養)하여야하고 庚辛金을 두려워한다.>

<1> 寅月乙木

丙火를 보면 만물이 생기를 얻고 癸水로서 근기(根基)를 자양(滋養)하면 향기가 그윽하다. 그래서 丙癸가 양투(兩透)하면 부귀하고 유계무병(有癸無丙-계수는 있고 병화가 없으면) 이면 한냉(寒冷)하여 생기가 없으니 발신(發身)이 더디며 병다무계(丙多無癸-병화는 많고 계수는 없으면)하면 춘한지상(春旱之像-봄철 감음이 가득한 현상)으로 고독지명(孤獨之命-고독한 팔자)이다.

1962년01월22일辰시생						
乾命	壬寅	壬寅	乙未	庚辰		
수	2	12	22	32	42	52	62
대운	癸卯	甲辰	乙巳	丙午	丁未	戊申	己酉

아직은 차가운 기운이 강한 寅월의 乙목이 年月干에 壬수가 나타나고 未辰토에 뿌리내리니 부족함이 없는 사주이다. 자신이 하고자함은 다 이루어질 수 있는 팔자라고 볼 수 있는 사주이고 시간 庚금이 水를 生하여 학문과 인연 있는 팔자이고 木성이 강하니 木은 인야(仁也)라 했으니 인술인 의료

- 25 -

계와도 인연 있고 寅목 겁재성이 강하나 乙목은 寅목을 감고 올라가니 반드시 도움이 되는 별이지요, 그러나 뚝심하나 대단 하다, 일지에 편재 未토를 놓았으니 재물 또한 만만치 않고 사주 원국에 火가 없는 것이 일점의 흠이 되지만 인중 병화(寅中丙火)가 암장되어 필요할 때 꺼내 쓸 수 있으니 없어도 있는 것과 마찬가지라 부러울 것 없는 사주임에는 틀림없으나 이 사주가 정치인으로 출세할 수 있을지는 의문이다. 대운을 분석해 보자면 초 년 운부터 木火 운으로 51세까지 흘러 어려움 없이 원활한 활동을 했을 것이고 52戊申 대운부터는 官운이 들어 명예를 추구할 것이나 좌충우돌 좌불안석인데 庚寅 辛卯년운세는 관운은 들었으나 내 것 빼앗기는 운세라 이름만 오르내릴 뿐 소득은 없는 해이고, 壬辰년운세는 천지사방에 다 나를 도와주겠다고 나타나서 동분서주하는 해이고, 壬子월은 도와준다고 한 것이 결과는 물웅덩이에 집어넣어 허우적거리는 형상인데 다행히 甲寅일이 살려주어 체면유지는 하지만 소기의 목적달성은 어려워 보입니다. 인인성사(因人成事)가 아니라 구름처럼 몰려든 사람들이 인인패사(因人敗事)로 돌아온 것이다. 19일은 역마가 3개나 나타난 날이네요, 어디 여행이라도 떠날 것 같은데요, 2013년 癸巳운세를 보자면 구름처럼 몰려들었던 비견겁재 동료 친구들은 다 떠나고 癸수 편인 문서 하나 달랑 들고 바다건너 이국 땅으로 떠나가는 형상이니 허탈하고 외로운 방랑생활이 왼 말인고! 그러나 甲午년 乙未년운세가 좋은 것으로 보아 대선으로 받은 타격 어느 정도 명예도 회복되고 정상적인 활동을 시작하는 운세입니다. <이글은 대선직전 2012년 11월15일에 시사코리아 주간신문사에 넘긴 안철수 후보 사주이야기 원고입니다.>

2> 卯月卯木

乙木은 부드러운 나무로 2월은 활발하게 성장하는 시기라서 庚辛금으로 해치고 상하게 함을 가장 꺼린다. 차가운 기운은 적어도 丙癸가 함께 나타나면 발랄하고 만약 물이 많아 불이 허하게 되는 것도 안 좋다,<寒氣는 없으나 丙火로 生育하고 癸水로서 養命하니 丙癸를 並用한다. 丙은 君이요, 癸는 臣이니 군신이 있어야 발랄하다. 支成木局하고 丙癸 並出하면 大富大貴하고 水多火虛하면 下格이다>.

| 乾命 | 壬午 | 癸卯 | 乙丑 | 己卯 |

| 乾命 | 甲寅 | 丁卯 | 乙未 | 丙子 |

위 乙丑 일주는 일명 협록격(夾祿格)이라고 하는데 이는 사주에 丑과 卯가 있으면 寅이 가운데 낀다하여 협록격 이라 한다. 이 사주에서 丙화가 없다는 것이 결점이다. 午中丁火가 있다 해도 너무 멀어 부는 이루지만 귀함은 적게 된다.

위 乙未 일주는 卯월생이 丙子시를 만나고 卯未合木局을 형성하고 甲목이 천간에 나타났으며 庚辛금이 없으므로 곡직격(曲直格)으로 丙화의 밝게 비춰줌과 子中癸水의 자양으로 벼슬이 총병(總兵)에 이르렀다고 한다.

| 乾命 | 癸亥 | 乙卯 | 乙未 | 庚辰 |

위 乙未 일주는 亥卯未 木局을 이루고 천간에 癸乙이 나타나 곡직인수격(曲直印綬格)이나 時干에 庚金이 나타나서 파격이 되었다. 火가 원국에 없어 수기(秀氣-빼어난 기운)를 설기하지 못하니 유병무약(有病無藥-병은 중한데 약이 없는 경우)의 경우이고 또 운까지 金水 운으로 흘러 가난한 선비에 그치고 말았다.

<3> 辰月乙木

陽氣가 점승(漸昇-점점 오르고)하고 건조(乾燥)하니 먼저 癸水를 쓰고 丙火를 겸용(兼用)한다. 土旺한데 丙癸가 병출(竝出)하면 부귀하고 己庚이 병출(竝出)하면 평인지명(平人之命-보통사람의 사주)이다. 지성화국(支成水局-지지에 火局을 이루고)하고 丙戊가 간투(干透-천간에 나타남)하면 부귀 하고 丙戊가 없으면 유랑인(流浪人)으로 살아간다. 일파임계(一派壬癸-壬癸수가 나란히 나타남)하고 戊土면 빈천(貧賤)하거나 요절(夭折)하는 격이지만 득무계수(得戊制水-戊토를 얻어 물을 막으면)하면 기술계로 출세하고 장수한다.

乾命	庚午	庚辰	乙酉	丁亥

乾命	甲辰	戊辰	乙亥	丙子

위 乙酉일주는 종격(從格)도 안 되고 파격(破格)이 된 경우이다. 乙庚이 투합(妬合)되고 辰酉合金으로 金의기운이 강하다. 그러나 약하기는 하지만 丁午火가나타나 파격이 된 것이나 다행인 것은 亥水가 통기(通氣)시켜 부자는 되었다.

위 乙亥일주는 辰月의 乙木이 丙子시를 만나고 지지는 辰辰亥子를 만났으나 戊土가 둑을 막아 물을 억제하고 견고해진 乙木의 왕성한 기운을 丙火로 설기(洩氣)하니 맑고 깨끗하여 큰 벼슬을 받았다고 한다.

乾命	丁酉	甲辰	乙巳	甲申

위 乙巳일주는 辰酉합 巳申합으로 지지는 합이 많고 천간은 甲木 비견이 쌍으로 나타나서 조화도 이루지 못하니 妻子가 불길한 명조가 되었다. 배우자궁과 자손궁이 刑을하고 있어 妻子가 不吉한 것이다.

夏 乙木 論<하 을 목 론>

여름엔 고초(枯焦-마를 고, 그을릴 초)하니 먼저 癸水를 쓰고 庚辛金으로 보좌(補佐)하면 최고다. 金水가 있으면 丙火를 써서 수기 발화(秀氣로 發華)하는 것이 좋고 5월하반기부터는 6월은 丙화를 겸한다.

<4> 巳月乙木

巳월의 乙木은 丙火가 득왕(得旺)하니 癸水를 전용(專用)하고 庚辛金을 겸용(兼用)한다. 癸수가 뜨고 庚금이나 辛금이 나타나면 생기가 발랄하고 부귀하나 有癸無金하면 근허(根虛)하니 秀才로서 小富 한다. 丙戊가 太多하고 지성화국(支成火局)하면 장님이 되고 無水有金하면 상목(傷木-목이 상하니)하니 수부장(壽不長-수명이 길지 않다)이다.

1983년04월05일11:21분생						
乾命	癸亥	丁巳	乙巳	辛巳		
수	4	14	24	34	44	54	64
대운	丙辰	乙卯	甲寅	癸丑	壬子	辛亥	庚戌

위 사주는 巳월의 乙목이 巳일 巳시에 태어나서 상관성이 매우 강하다. 火氣가 太旺하지만 金水역시 유력하므로 조화를 잘 이룬 사주이기는 하나 성정이 불같고 급한 사람이어서 자기마음대로 살아야하고 간섭받기도 싫어하니 독립해서 살기를 원할 것이다. 지난 운세의 흐름역시 불난데 부채질하는 木운이라서 불리한 운이었지요. <이사삶 부모형제와 의 절하고 가출한지 3년여가 된다고 한다.> 부모님께서 언제쯤 돌아올 수 있겠느냐고 물어 와서 壬子대운인 40대중반 이후면 마음이 풀릴 것이라고 조언 드렸다.

<5> 午月乙木

하지전인(夏至前)인 상반월(上半月)은 火旺하니 癸水만 쓰고 하지후(夏至候)부터 하반월(下半月)엔 일음이 시생(一陰이 始生하)니 丙癸를 겸용(兼用)한다. 주중(柱中)에 金水가 많으면 丙부터 쓰고 지성화국(支成火局)하고 丙화가 천간에 나타나면 木星이 고초(枯焦-마르고 그을리면)하니 잔질(殘疾-해치는 병)이 많다.

1965년06월02일辰시생				
乾命	乙巳	壬午	乙卯	庚辰
수	8	18	28	38	48	58	68
대운	辛巳	庚辰	己卯	戊寅	丁丑	丙子	乙亥

위 乙卯일주는 午월의 乙목 이라도 하지 후에 출생하여 一陰이 始生하므로 丙癸를 쓰라고 했는데 壬수가 나타나고 지지에 巳午가 존재하므로 중화를 이룬 팔자이다. 4 : 4사주로 강약조절도 좋고 대운도 木水 운으로 흘러 좋아 보이지만 재성이 약하여 처덕이 적을 것으로 보인다.

<6> 未月乙木

未월은 늦여름으로 한기(寒氣)가 늘어가니 주중(柱中)에 金水가 많으면 丙을 애용한다. 아직은 퇴기(退氣)가 심하니 癸를 겸용하며 戊己土가 剋水 함을 가장 두려워한다. 甲木이 剋土하고 丙癸가 병출(竝出)하면 상명(上命)이요, 無丙癸하고 甲丁이 나타나면 상인지명(常人之命)이다. 일파을목(一派乙木)하고 無丙癸하면 평생 고생하고 지지에 申금이 있으면 승도지명(僧道之命)이다.

乾命	壬子	丁未	乙卯	壬午
수	5	15	25	35	45	55	65
대운	戊申	己酉	庚戌	辛亥	壬子	癸丑	甲寅

未월의 乙木이라도 本命은 환경이 좋다. 水生木 받아서 木生火로 꽃피우는 형상이다. 부모덕도 있고 아내 덕도 있다. 단점을 찾아보자면 주관이 뚜렷해서 자기머리가 좋아서 자자 생각대로 살아가는 사람이라는 점이다. 아내의 덕은 있어도 아내와의 사이는 별로이다 〈강여지동에 대인관계는 원만하지만 아내 말은 무시하는 형상이다. 合多有情이고 卯未로 배우사궁의 도화가 미 토 재와 합을 한 전도 부부문제 발생할 가능성 있다〉 조상음덕 있고 無官사주라서 일반직장인으로 살기 어렵고 예체능에 끼가 다분하고 기예 쪽으로 진입했다면 전문가로 젊어서 활동하다가 중년부터는 교육자로 교육사업자로 살아가는 운이다. 도화의 끼를 발휘할 기량이 충분한 팔자로 인기 있는 종목의 예 체능인의 기질이 강하다. 대운의 흐름상으로 보아 젊어서는 명예로 살아가다가 중년이후는 교육자 또는 교육 사업으로 성공 할 가능성이 있다.〈유명한 골프선수로 미국에서 활동하다가 선수생활 정리하고 지금은 국내에서 골프 교육 사업에 종사한다.〉 庚子년에 아내가 감정 의뢰한 명조인데 庚子년 쥐 띠 해의 운세는 막히고 답답하고 만사부진의 형상이라고 말해주었다, 〈壬子生이 壬子大運에 庚子년을 만나서 쥐 세 마리가 五行상으로는 凍水로 乙卯일주에는 불리하다 배우자궁 역시 불리의 기운이 강하다 辛丑년도 乙辛冲에 丑未冲으로 부부갈등 내지는 자금의 흐음이 안 좋은 해이다〉 壬寅 년부터 운이 열린다고 희망을 주는 말로 매듭지었다.

秋 乙木 論 <추 을 목 론>

가을철엔 금기가 왕성(金氣가 旺盛)하니 丙火로서 제금(制金)하고 癸水로 설금(洩金)하는 것을 기뻐한다. 그러나 戌月엔 재왕신허(財旺身虛)하니 丙火로 생재(生財)함을 두려워한다.

<7> 申月乙木

7월은 金의 기운이 왕성한 계절이므로 丙화로 제지하고 己토로 묻어버려야 좋고 癸수가 천간에 나타나고 지장간에 丙화가 암장 되면서 金이 적으면 癸수를 용신하고 己土는 쓰지 않고 丙은 없고 癸만 있으면 문필가로 살아간다. <金氣旺盛하니 丙火로서 制金하고 己土로서 埋金하면 크게 편안 하고 富貴한다. 癸透하고 丙藏하며 金이 적으면 用癸하므로서 己土를 쓰지 않으며 無丙有癸하면 文筆로서 生活한다.>

坤命	1993년07월03일진시생			
	癸	庚	乙	庚
	酉	申	丑	辰
수	9	19	29	39	49	59	69
대운	辛酉	壬戌	癸亥	甲子	乙丑	丙寅	丁卯

1木 0火 2土 4金 1水로 구성 된 사주이므로 관살이 태왕한 신약사주로 보이지만 종왕격(從旺格)으로 보고 일명 종살격(從殺格) 사주가 된다고 하겠다. 그러나 종격이 되려면 왕기(旺氣)를 극하는 오행이 없어야 하고 화(化-될 화)를 반대하는 오행이 없어야만 하는데 이 사주에서는 火는 없지만 물인 癸수가 있어 혹자들은 종(從-좇을 종)이 안 된다고 하는 이도 있고 또 음 오행인 乙목은 從을 잘 하기에 종격(從格)이 된다고 보는 이도 있을 것이다. 또 관살혼잡(官殺混雜)이지만 인수인 癸수가 있어 관인상생(官印相生)으로 볼 수도

있는 사주이다. 이 여성은 서울강북 성심병원간호사로 재직 중이다. 여명(女命)이 종살 하면 좋은 직장 좋은 남편 만나서 잘 산다고 한다.

<8> 酉月乙木

 백로(白露)후 추분(秋分)까지는 아직 꽃이 피지 않는 망울 단계이기 때문에 癸水로서 꽃 바침을 자양(滋養)하고 秋分 뒤에는 꽃이 피기 때문에 丙火를 더욱 소중히 쓴다. 丙癸가 병출(竝出하)면 큰 재목으로 대성한다.

乾命	庚申	乙酉	乙酉	己卯			
수	10	20	30	40	50	60	70
대운	丙戌	丁亥	戊子	己丑	庚寅	辛卯	壬辰

1980년08월01일07시생

 부동산 중계 업을 하는 분의 사주인데 바위틈속의 작은 흙에 뿌리내린 가을 화초목이다. 이런 사람은 생활력과 인내력이 강하다 살려고 몸부림치는 형상이기에 하는 말이다. 금목상전(金木相戰)인 경우인데 운이 북방水운이어서 통기시켜 삶이 무난했던 것이다. 土에 뿌리 내려야 하기에 흙을 좋아하는 명식이라 부동산과 인연이 있는 것이고 욕심이 많은 것도 역시 土를 선호해서 일 것이다. 만약에 辰시에 출생하여 庚辰시 이었다면 乙庚합으로 종왕격(從旺格)이 되지 않았을까 생각 되는데 己卯시가 맞는다면 고달픈 삶이 될 것이다.

<9> 戌月乙木

잎은 지고 뿌리는 마르니 癸水로서 자양(滋養)함이 급하다. 甲木으로 旺土를 누르고 辛金으로서 生癸水하면 금상첨화(錦上添花)다, 유계무신(有癸無辛)이면 보통(常人)이고 有辛無癸면 빈천(貧賤-가난빈, 천할 천)하며 水多한즉 平人(보통사람)이다.

1985년09월10일未시생							
坤命	乙丑	丙戌	乙未	癸未			
수	5	15	25	35	45	55	65
대운	丁亥	戊子	己丑	庚寅	辛卯	壬辰	癸巳

<상담사주입니다>

2木 1火 4土 0金 1水로 구성 되어 財多身弱이고 일간 乙木은 土多木折로 無力하다. 사주를 볼 때에는 그 사주의 특징을 살펴봐야 하는데 이 사주에서의 특징은 우선 乙未 백호에 丙戌 백호살이 월과 일주에 있다는 것이고 이런 殺들은 일주에 있고 타주에 또 있을 때 강하게 작용한다는 것이다. 또 지지에 丑戌未 三刑殺을 놓고 있으며 지지 全局이 土로 구성 되어있다는 점이며 월간에 傷官 丙火가 나타났으니 이런 점들의 특징성이 발동할 가능성이 있게 된다. 그런가하면 無官사주라는 것이고 土가 사주에 반이나 되니 편고(偏枯)된 점이 이사주의 특징이라 하겠다. 그렇다면 이런 사주를 가지고 태어난 사람들은 세상을 살아가는데 어떤 삶을 살아갈까, 대체적으로 조용하게 살지는 못하고 좀 시끄럽게 그리고 고달프게 기복이 삼하게 살아가더라는 것이다.

이제 지금부터는 상담의뢰자에게 사주를 풀고 조언한 사주이야기를 하려고 합니다. 이사주가지고 철학관이나 무당집에 가면 사주가 안 좋아 삶이 고달프다고 하겠어요, 라고 말문을 열었더니 고객의 입에서 사정없이 불만을 토해 냅니다. 사주 보러 가면 거지팔자, 시집 여러 번 가겠고, 성질 더럽고, 인내력 참을성도 없고, 정말 살맛 안 납니다. 그런데 내 삶을 돌아보면 왜 그리 구설이 많이 따르고 삶이 고달픈지 모르겠어요, 선생님 제 삶이 앞으로도 계속 그렇게 될까요? 이 말을 들으면서 어느 정도 동의는 하지만 사주를 보러오는 것은 그래도 무슨 작은 희망 있는 말이라도 듣고 싶어서 오는 것이어서 사실대로 거짓 없이 이야기 해주었지요,

 그렇지는 않습니다. 그동안 사주 보러 가서 이 사주를 본 사람들이 사주원국은 잘 보았는데 한 가지 보지 못한 것들이 있습니다. 그 점이 바로 사람들이 살아가면서 만나는 운이 있는데 이운의 작용을 사주에 대입시켜 미래를 예측해야 하는데 그걸 노치고 말았네요, 사주도 좋아야 하지만 운의 작용이 더 큰 것이 인간사이거든요, 물론 사주도 좋고 운도 좋으면 더할 나위 없이 안정되고 평안한 삶을 살아갈 수 있지만요, 이렇게 사주구성이 좀 안 좋더라도 운이 좋으면 안정되고 평안한 삶을 살아 갈 수 있는데 금년까지가 고비가 되겠어요, 辛丑년이라는 금년이 지나면 다음해는 壬寅년이라는 범 띠 해가 되는데 이 해부터는 언제 그랬느냐 할 정도로 삶이 좋아질 것이 확실합니다, 라는 전제 조건하에 금년의 운세부터 설명해 드리려 합니다. 금년은 최악의 해입니다 이런 해를 만나면 정말로 삶이 고달프죠, 관재구설 상신 탈재 등의 불안요소가 많은 해 이지만 壬寅년 부터는 연약한 乙목이 寅목에 뿌리내리고 壬수 따뜻한 물이 자양하면 자신이 추구하는 일 들이 마음과 뜻대로 잘 된답니다. 그러나 辛丑년에는 乙辛沖 丑戌未 三刑이 되어 흔들리고 휘둘려 불안 초조 구설로 이어지며 土는 財星이니 돈에 대한 손재(損財)

의 수가 보이거나 상신(傷身)이니 몸을 상하게 되어 병원신세 지기도 하고 있는 남자도 떠나가는 형국이지요, 라고 말했더니 남자만나 결혼하기로 하고 날짜까지 잡아 혼수나 살림까지 집에 넣는 등의 일이 있었지만 파혼요청에 의해 손해를 보고 반 정도 반환받았지만 이런 일로 죽고 싶은 심정이었다며 하소연 하더라고요, 그러나 내년부터는 언제 그런 일이 있었느냐는 식으로 좋은 일 만 있겠다고 조언해주었는데 그 이유를 대운에 대입 해 설명하려고 합니다. 사주에 비해 운이 좋다는 것에 대한 설명입니다. 조열하고 신약한 사주에 편고 된 사주인데 이런 경우 조화를 이루려면 물인 水운을 만나야 乙목을 자양(滋養)하고 土를 윤토(潤土)하면 좋기는 한데 연약한 木이라 인수(印綬)만으로는 뿌리내리기 어려워 세운이 나쁠 때는 흔들림이 많죠, 그러나 庚寅 대운부토 30년간은 東方木운이라 좋은 운이 됩니다. 이렇게 되면 주도권을 잡는 경우라서 상대에게 끌려가지 않고 자신이 주도해나간답니다. 결혼은 할 수 있겠으며 아이도 낳을 수 있는 팔자인가요? 팔자로 보면 남자와의 관계가 차이고 차서 깊은 정을 들었다가 두세 번 이별의 아픔을 겪어야 하는데 그런 일이 있었다니 액땜 다 한 걸로 보고 앞으로는 좋은 이성 인연 맺어지고 자손궁이 좋아 자손 놓고 부자 될 수 있는 팔자라는 설명을 소상하게 해 주었습니다. 그런데 산부인과에서 애기 가지기 힘드니 시험관해야 한다는데요? 라기에 원래 土가 많은 사람이나 차가운 기운이 강한 팔자는 임신하기가 어렵다고하고 임심하면 유산가능 성이 높으니 몸관리 잘 해야 한다고 조언해주면서 그러나 운이 좋아지면 몸도 좋아질 거라고 위로 해 주었습니다. 財多身弱 팔자가 比劫 운으로 들어오면 부자가 되기도 하죠. 언제쯤 결혼하겠느냐고 물어 와서 운세 상으로 볼 때 癸卯년에 癸水 印綬가

卯목을 달로 들어와 卯未合을 하는 해에 결혼 수 떴으니 기대해 보라고 말해주었답니다.

冬 乙木 論<동 을 목 론>

乙木은 추위를 두려워하고 수범(水氾-물에 뜸)을 싫어한다.
三冬水旺節의 乙木은 먼저 丙火로서 추위를 쫒고 戊土로서 制水함이 시급하다. 丁火나 己土로서는 추위와 水氾을 감당하기 어렵다.

<10> 亥月乙木

壬水가 太旺하니 먼저 丙火를 쓰고 戊土를 겸용(兼用)한다. 丙戊가 병출(竝出)하면 大成하고 有丙無戊하면 小富小貴며 水多無戊하면 일생 표류(漂流)하고 戊多하면 甲木으로 剋制해야 호명(好命)이다. 쟁송(爭訟)을 즐긴다.

1947년11월22일午시생				
乾命	丁亥	辛亥	乙巳	壬午
수	2	12	22	32	42	52	62
대운	庚戌	己酉	戊申	丁未	丙午	乙巳	甲辰

<정치인 손학규의 명조>

亥월의 乙목이 壬午시를 만나고 다시 일지에 巳화를 놓으면서 年干에 丁화가 투출되어 火氣태왕으로 조후가 잘 된 사주이다. 年月 쌍亥수에 시간壬수까지 투출되어 印綬 또한 태왕 하니 乙목은 건재하다. 다만 재성인 土가 없는 것이 일점의 흠이며 身旺한 사주에 조후로 식상까지 좋으니 막힘없는 삶을 살라 했다. 이 사주는 월지 인수에 壬수 正印이 투출되어 교육자요, 선비의 사주로 초년과 청년 시절의 운은 申酉金운으로 官印相生 되는 운세라 좋은 학교에서 공부도 잘하고 32세-41세까지의 丁未대운에는 喜用神 운세라서 무

난하게 살았을 것이다. 42세-51세 丙午 대운은 이사주가 승기를 잡는 丙午 火용신 운이다. 교육자요, 선비의사주이지 권모술수의 정치인사주는 아니라고 생각한다.

<11> 子月乙木

가장 차가운 물이니 나무가 얼어 태양 丙화를 오로지 써야 한다, 丙화가 많고 癸수가 없으면 크게 성공하고 壬癸가 나타나면 戊土로 물을 먹아야만 크고 작은 일에 항상 적극적이고 잘 처리한다. 만약 壬수만 나타나고 戊토가 없으면 가난하고 천하게 산다. 丁화가 두 개 이상 뜨면 간사하거나 사기성이 있고 甲목은 없고 丁화만 나타나면 말년까지 고독하고 甲목도있고 丁화도 나타나면 성공한다.<수한목동(水寒木凍)하니 丙火를 전용(專用)한다. 병다무계(丙多無癸)면 대성(大成)하고 壬癸가 투간(透干)하고 戊土로서 制水하면 능소능대(能小能大)하며 임투무무(壬透無戊)하면 빈천(食賤)하다. 일파정화면 대간대사(一派丁火면 大奸 大詐)하고 무갑유정(無甲有丁)하면 늙도록 고과(孤寡)하며 유갑유정(有甲有丁)하면 대성(大成)한다>

1994년11월23일06시생				
乾命	甲戌	丙子	乙酉	己卯
수	4	14	24	34	44	54	64
대운		丁丑	戊寅	己卯	庚辰	辛巳	壬午	癸未

4 : 4 사주로 균형은 이루었으나 沖破(卯酉沖 子酉破)가 극성을 부리는 사주입니다. 배우자 宮에 酉금 도화(桃花)가 말썽을 부리니 분명 여자문제가 예사롭지 않습니다. 상관 丙화가 용신이고 목화통명(木火通明)의 팔자로 보아야겠는데 <u>辛丑년 壬辰월 辛丑일에 죽었으니 이 날도 예사롭지 않다.</u> 丙화 용

신이 辛금에 묶여 역할을 못하고 丑토는 酉丑金局을 이루고 辛금이 힘을 받아 乙木을 사정없이 자릅니다.

[自然法 四柱學]

　　子月의 乙목 일간은 寒氣가 심하고 水가 旺하여 戊土로 防風制水해야 하고 火氣가 있어야 吉命이라고 한다. 화기는 丁화가 우선이고 丙화가 그 다음이다, 천간에 丙화가 나타나고 地支에 寅卯辰中 단 한글자라도 있다면 돌아오는 봄을 기다리는 命으로 초년은 고생스러워도 말년은 발복한다고 한다, 그러나 천간에 火氣가 없으면 지지에라도 있어야하는데 만약 지지에도 없다면 처량한 삶을 살아야 한다. 그런데 本命은 丙화가 뜨고 월간에 뜨고 卯목이 시지에 나타나고 戌中戊土가 시간 己토로 투출하여 가출 것은 다 갖춘 사주인데 유난하게도 沖 破 刑이 많이 걸려 삶의 기복이 심하게 살아야 한다.<卯酉沖 子酉破 子卯刑>

　　[사주이야기]

　위에서 밝힌바와 같이 나름대로 조화를 이룬 好命으로 보이는데 왜 이렇게 단명했으며 짧은 삶을 통해 다사다난 했는지를 짚어봐야 할 것 같다.

　이 사주는 얼른 보면 조화를 이룬 것 같지만 사실상 비겁과다에 金水가 유력하며 丙화는 동지섣달 달밤이나 다름없으며 그나마 丙화가 용신으로 약하지만 丙화에 의지하며 살아왔는데 辛금이 丙화를 묶는 해는 최악의 운기라고 봐야 한다. 아울러 辛丑년 이라면 더없이 차가운 凍土가 酉金과 合作으로 丙화를 무력하게 만드는 형상인데 辛丑년 辛丑일은 최하의 運氣였다고 봐야한다. 壬辰월도 丙壬沖 子辰合으로 물바다를 만드니 한 목 거든 형상이다. 正財 戊土는 丑戌 刑殺로 더욱 본인을 힘들게 한 결과이니 여자로 인해 죽음을 맞이한 것이라고 봐야 할 것이다.

<12> 丑月乙木

한목(寒木)이 극에 달하니 丙火가 우선이나 12월은 한곡(寒谷)에 회춘(回春)하는 형상이니 하나의 丙火가 투간(透干) 되고 癸水가 투출하여 格을 파괴하지 않으면 과갑(科甲)하고 현달(顯達) 한다. 그러나 丙火가 암장(暗藏)되면 봉록(俸祿)의 선비요, 丙無면 가난한 선비일 뿐이다.

1952년12월10일戌시생					
乾命	壬辰	癸丑	乙亥	丙戌	
수	3	13	23	33	43	53	63
대운	甲寅	乙卯	丙辰	丁巳	戊午	己未	庚申

壬辰년 癸丑월의 乙木이 丙戌시에 태어나 시를 잘 만났다. 乙목은 화초목으로 유난히 丙火를 좋아 한다. 음습한 기운이 많은 사주인데 시간에 丙화가 나타나 좋은 사주로 변한 것이다. 무관사주로 직장생활은 안 되는 팔자지요, 인수가 강하므로 많이 배워서 전문가로 진출해야 하는 팔자로 官이 없어 판검사는 곤란하고 변호사가 천직인 사주다. 더욱이 자신을 뺀 나머지 3주가 괴강 백호 살이라서 우두머리 기질이 다분하다. 군에서 센 부대에 근무했다지요, 다 팔자에 있는 대로 살아온 것이지요. 그러나 근본은 착하고 맑은 사람입니다. 뚝심(인내력)이 약한 것이 단점일 수 있는 팔자인데 맑고 깨끗해서 인심 좋은 동네 아저씨 같은 사람이다. 사주가 약간 음습하지요, 다행인 것은 동남 木火 양의 운으로 60년이 흘러서 큰 어려움 없이 살아갈 팔자다. 상관생재로 이어지는 팔자라서 머리가 비상하고 상관이 용신이라서 인권변호사가 제격인 사주지요,

돈에 대한 집착도 대단하다 볼 수 있고요, 잘 쓰지 않는 성격이겠어요, 현재 己未대운인데요, 재다신약(財多身弱)으로 보아 불리하다고 볼 수도 있겠으나 천만에요, 원국에 수기(水氣)가 강해서 조토(燥土-마른 흙으로 제방을 쌓고 뿌리내림)가 필요하기에 좋은 운입니다. 63대운인 경신(庚申西方金運)운은 어떨까요? 큰 벼슬 운이기는 한데요, 심사가 편치 않겠어요, 壬辰년 壬子월 甲寅일 운세를 심도 있게 살펴봐야겠습니다. 年운과 月운은 문서로 인한 구설수가 10월11월(庚戌辛亥)연이어 터져서 구설로 힘들겠군요. 日운은 어떤지요, 甲寅은 겁재로 그리 좋은 운이 아니다. 나를 도와준답시고 종당에는 내 것 다 빼앗기는 운이지요, 그러므로 목적달성은 어렵겠다. <여기까지는 壬辰년 대선에서 낙선한 문재인 후보의 사주를 살펴 본 것이다.> 그 후 4년이란 세월이 흘러 당시 대통령으로 당선 된 박근혜대통령이 탄핵되면서 치러진 대선에서 19대대통령으로 당선 된다.

　2017년 5월 9일의 운세를 살펴보자. 丁酉년 乙巳월 丙申일이다. 庚申대운으로 정관 운이 강하게 든 해에 천간은 丁년 乙월 丙일이었으니 다 나에게 도움이 되는 운이었고 지지로는 酉금은 관운이고 巳월은 용신 월이고 申일은 정관운으로 관운이 들면서 丙화가 용신이니 대통령에 되고도 남을 운기였다.

　한목(寒木)이 극에 달하니 丙火가 우선이나 12월은 한곡(寒谷)에 회춘(回春)하는 형상이니 하나의 丙화가 투간(透干)되고 癸水가 투출하여 格을 파괴하지 않으면 과갑(科甲)하고 현달(顯達) 한다. 고 되어있으나 대통령에 당선 되던 해가 바로 丁酉년이어서 丁癸冲하여 癸수 忌神을 보내 버리므로 이해서 당선 될 수 있었다고 봐야 한다.

丙火篇

三春 丙火

태양이 봄을 만나서 눈과 서리를 무서워하지 않고 壬水로 조화를 이루면 기쁘고 계수는 먹구름 같아 불리하다. <太陽이 다시 大地로 돌아오니 눈과 서리를 두려워하지 않는다. 오르지 壬水를 써서 천화지윤(天和地潤)하면 수화기제(水火旣濟)하여 공을 이룬다. 癸를 보면 먹구름에 쌓인 태양이니 현달(顯達)하기 힘이 든다.>

<1> 寅月丙火

　　三陽三陰으로 천지개태(天地開泰-하늘과 땅이 크게 열렸다)를 이루니 火氣가 점점 염화(炎火-불꽃)로 변한다. 壬水로서 광채(光彩)를 나타내고 庚金으로 制甲하면 光明이 萬里에 빛난다. 丙은 太陽불요, 壬은 호수물이니 태양이 수면에 부딪치면 은빛처럼 멀리까지 火光이 빛나니 丙화는 壬수를 가장 기뻐한다. 임투(壬透-임이 나타타고)하고 庚은 支에 숨으면 秀才로서 소부소귀(小富小貴)한다.

1994년01월20일인시생			
坤命	甲戌	丙寅	丙戌	庚寅
수	8	18	28	38	48	58	68
대운	乙丑	甲子	癸亥	壬戌	辛酉	庚申	己未

<상담사주입니다>

양팔통사주로 남성기질이 강하다는 점과 태어난 날이 하늘의 태양인 병화(丙)날 태어나고 다시 월간에 丙화나타고 寅월 寅시라서 역마성이 강해 활동성의 폭이 넓다, 라는 의미로 내조하는 여성이 아니라 자신이 주체가 되어야 하는 팔자다. 봉사하면서 살아야 하는 기운이 강해서 의료계나 사회복지 교육 등이 좋을 듯하다. 자신의 전문분야에서 박사가

되었으면 하는 팔자이며 이성인연이 박해서 결혼이 늦어지거나 잘 안 이루어지거나 이루어지더라도 까다롭게 이루어질 가능성이 높은 팔자이니 결혼적령기를 놓치지 말고 적절한 시기에 결혼을 하라고 조언했다. 사주에 남자의 별, 남편이 안 보여서 하는 말인데 운에서 30전에 남자인연이 많이 드는 운이라 너무 염려는 안 해도 좋지만 그래도 혼기를 놓치고 나면 늦어질 수도 있다는 말이다.

<2> 卯月丙火

점차 따뜻한 양기가 솟아오르니 오르지 壬水를 우선 쓴다.

<陽氣가 漸昇하니 壬水를 專用한다. 丁火는 꺼리고 庚辛을 兼出하면 富貴한다. 壬水가 없으면 己土로써 洩氣해도 좋다. 才多에 의식은 足하다. 壬多하고 有戊면 君恩을 받고 壬多無戊하면 奔流之人 加金生水하면 下賤之人이다.>

1946년02월10일卯시생							
坤命	丙	辛	丙	辛			
	戌	卯	戌	卯			
수	2	12	22	32	42	52	62
대운	庚寅	己丑	戊子	丁亥	丙戌	乙酉	甲申

위 사주는 년 월 일 시가 天合 支合 된 특이한 사주로 과어유정(過於有情-지나치게 정이 많다)한 명조이다. 사주를 공식에 맞춰 풀어본다면 丙辛合水하나 관성인 水가 근(根)이 없어(無官이고 地藏干에도 水氣가全無함)夫宮인 남편의 궁이 불미스럽고(不美)또한 사주가 조열(燥熱)하여 흉한 사주이며 음란 끼가 있어 독신으로 살지도 못한다. 사실 확인해보니 결혼식도 올리지 않고 두세 번 부부의 인연을 맺었으나 실패했다고 한다. 이와 같이 合多하면 정이 약하고 지조가 없어 삶에서 성사됨이 없이 살아가는 사례였다.

<3> 辰月丙火

壬수를 오로지 쓰되 土가 왕성하니 木으로 흙을 파 엎고 壬수와 甲목이 나란히 나타나면 크게 발전이 있다.<壬水를 專用하되 土旺하니 木으로써 制土(疎土)하면 더욱 妙하다. 壬甲이 並出하면 大成하고 庚金이 制甲하면 秀才에 지나지 않는다.>

1980년03월19일未시출생					
坤命	庚申	庚辰	丙子	乙未	
수	9	19	29	39	49	59	69
대운	己卯	戊寅	丁丑	丙子	乙亥	甲戌	癸酉

辰月의 丙火라도 허약하지는 않다고 하더라도(辰中乙木)申子辰 水局에다 財를 두세 짐 짊어지고 산으로 오르는 형국이니 힘이 부족합니다. 시간 乙木에게 도움을 요청해보지만 큰 힘은 아니라도 의지 처는 되는군요. 어렵기는 하지만 힘겹게 전진하는 형상입니다. 대운에서 부조만 해준다면 좋겠는데요. 戊寅대운까지는 동방木운이라 부러울 것 없이 살았습니다. 하고 싶은 공부도 하고(印綬運)직장도 얻고 결혼도 합니다.(己丑년에 子丑합으로 결혼성사)그런데 丁丑운으로 들어서면서 일이 잘 풀리지 않습니다.(亥子丑 北方水운은 忌神운이고 丑未충으로 삶을 흔들어 놓습니다)庚寅년운세는 어떨까요? 庚금 재성이 寅목 편인을 달고 오는 해입니다. 年支 申금 재성과 寅목 편인이 충을 합니다. 木이 당하는 형국이군요. 木은 간담(肝膽)이지요. 건강을 걱정해야 할 운세인데요. 사주원국에서도 乙목이 기회만 주어지면 없어지는(乙庚합)형상이라 무력하여 木이 약합니다.(庚寅년에 갑상선암으로 수술 받았답니다) -실전사주108제에서 발췌함-

三夏 丙火

丙火의 威勢(위엄 위 기세 세)가 猛(사나울 맹)하니 壬水를 專用(오르지 전 쓸 용)한다. 亥中壬水는 亥中甲木으로 설기하니 힘이 없고 申中壬水는 힘이 있으니 地支에 申金이 있으면 부귀한 명(富貴한 命)이 된다.

<4> 巳月丙火

丙火가 得旺하니 壬水를 專用하고 庚辛金으로 보좌(補佐)함을 기뻐한다. 戊己土가 극수(剋水)함을 두려워하고 丁이 壬과 합함을 가장 꺼린다. 庚이 없고 申이 있어도 碩學(클 석, 배울학)이 될 수 있다. 火局되고 한 점의 水도 없으면 고독한 僧道之命(중 팔자)이다.

1954년04월08일寅시생						
乾命	甲午	己巳	丙寅	庚寅		
수	9	19	29	39	49	59	69
대운	庚午	己巳	戊辰	丁卯	丙寅	乙丑	甲子

이 사주는 매우 조열한 팔자로 고독한 팔자지요. 財官이 부실하네요, 이런 사람은 돈도 여자도 반듯한 직업도 없는 팔자이니 중 팔자라고 하하는 겁니다. 배우자궁에 寅巳刑殺이 있는 것으로 보아 초혼은 실패하고 재혼해야할 팔자지요, 초혼은 실패하고 재혼해서 의식 걱정은 없이 살아가지만 자신의 기량을 펼치지 못하고 살아가고 있습니다. 운세의 흐름으로 보아 젊어서는 천방지축으로 살아 왔고 59대운인 乙丑대운부터 북방수운으로 흘러 무난하게 살아가는 팔자랍니다. 보험업계에서 돈 꽤나 버는 수단 좋은 이혼여성을 만나 뒤바라지하면서 어려움 없이 살아갑니다.

<5> 午月丙火

巳月의 丙화와 비슷하다. 壬이 없고 丁이 나타나면 刃이니 극기(極忌-다할 극, 꺼릴 기)한다 이를 制火(억제 제 불화)하지 못하면 성품이 진격(盡激-다할 진 물 부딪칠 격)하여 刃傷(칼날 인 상할 상)으로 죽음을 당하기도 한다.

1982년 5월02일신시생				
坤命	壬戌	丙午	丙子	丙申
수	5	15	25	35	45	55	65
대운	乙巳	甲辰	癸卯	壬寅	辛丑	庚子	己亥

<상담사주입니다>

이 사주는 午月 丙화가 월 시간에 2丙화가 투출하였고 년월지가 午戌로 火局을 이루니 火氣 충천한 명조인데, 일시지에 申子水局을 이루고 壬수까지 年干에 나타나서 水火가 서로 대치하는 형국이며 陽八通으로 구성되었으니 예사롭지 않은 사주입니다. 수화기제(水火旣濟)라고는 하지만 水火가 서로 극성하다(午戌 火局 申子 水局하고 壬수가 천간에 나타남) 木이 원국에 있어 통기(通氣-水生木 木生火로) 시키면 좋으련만 木이 원국에 없는 것이 결점이다. 이 여인은 보석가공기능공으로 종사하는 여성이다. 여자 팔자치고는 드센 팔자이다. <2013년 癸巳년에 상담한 사주인데 금년 운세는 건강조심 해야 합니다 수술 수 있다고 말해 주었더니 2월초 넘어져 허리를 다쳐서 수술했다는 군요, 왜 건강 수술 이야기를 했을까요? 丙화는 癸수를 보면 구름으로 막히고 답답한 일 발생한다고 하고, 巳申형을 함으로 수술수로 보아 한말인데 寅월이 되면 寅申 沖하기 때문에 이런 일이 발생한 것이지요.>

<6> 未月丙火

6月丙火로 아직은 더우니 오르지 壬水를 쓰고 庚金을 보좌로 취해 쓰면 좋다. <未월은 늦여름이지만 三伏中 退氣 生寒하나 아직은 더우니 壬水를 專用하고 庚金을 補佐로 取用한다. 庚壬이 兩透하면 大貴를 누리고 有壬無庚하면 小富小貴한다. 戊土가 制水하면 鄕里의 賢士에 지나지 않지만 己土가 濁壬하고 庸夫이고 壬淺하고 己秀하면 貧困 하다>

1991년06월04일辰시생						
乾命	辛未	乙未	丙戌	壬辰			
수	3	13	23	33	43	53	63
대운	甲午	癸巳	壬辰	辛卯	庚寅	己丑	戊子

<상담사주이다>

未년未월戌일생의 丙화라 대단히 조열하다. 壬수를 전용해야 하는 팔자이고 壬이 약하면 별 볼일 없는데 水庫지인 辰토를 놓아 용신이 유력하다. 다만 식상태과이니 병약용신으로 인수를 써야 하는 팔자이다. 이 사주는 조후용신 壬수가 시간에 나타나고 木용신이 월간에 乙목으로 나타나서 좋으나 신약하여 운의 적용을 잘 받는 팔자다. 이와 같이 식상이 강한 팔자는 기술자 팔자이니 면허나 자격증으로 살아가야 하고 간섭이나 지시 받는 것을 싫어하여 직장생활이 어렵고 독립을 원한다. 모친의 말에 의하면 직장을 자주 옮기고 안착이 안 된다며 이미 독립해 나가 살고 있다고 한다.

三秋 丙火

가을철인 申월부터의 丙화는 退氣(물러날 퇴, 기운 기)하고 晦光(그믐 회, 빛 광)하니 서산에 기우는 석양이 호수에 落照(떠러질 낙 비출 조)하는 찬란한 光彩(빛 광, 무늬 채)를 기대 할 뿐이다. 그러나 土多하면 감당할 수 없으니 戊土로 制水함을 기뻐하고 甲木이 遮光(막을 차, 빛 광)함을 두려워한다. 戊多壬少하며 洩氣(샐 설, 기운 기)가 지나치면 映寫面(비칠 영, 베낄 사, 낯 면)이 적으니 常人(보통사람)이다.

<7> 申月丙火

壬水를 전용(專用)하되 水多하면 戊土를 전용한다. 壬戊가 병투(竝透)하면 大貴한다. 壬多得戊하면 중살(重殺)을 제압(制壓)하니 권위(權威)를 떨치고 크게 현달(顯達)한다.

1915년07월23일戌시생						
乾命	乙卯	甲申	丙申	戊戌		
수	8	18	28	38	48	58	68
대운	癸未	壬午	辛巳	庚辰	己卯	戊寅	丁丑

초가을인 申월의 丙화라서 퇴기(退氣)로 허약한 상황에서 甲乙卯 3木이 숲을 이루어 빛을 가리게 했다하여 목다화식(木多火熄)으로 고달픔이 있다. 다행인 것은 식신생재로 이어지지만 실령 실지로 허약한 상태라서 많은 財를 취하기가 어렵다. 또한 편인 甲목이 도식(倒食-식상을 극하여 생재를 못하게 함)하여 실속이 적다. 인수의 도움으로 취재(取財)할 것 같으나 많기만 하지 절지에 앉아 힘을 못 쓴다. 식신도 유력하고 재성도 강력하여 권모술수가 탁월하다, 신약하지만 다행이도 대운의 흐름이 좋아 재주가 탁월해 잘 살아가는 팔자이다. 無官사주라서 富는 이루어도 권위는 떨치지 못한다.

<8> 酉月丙火

壬水를 전용하고 丙多壬透하면 富貴가 쌍전(雙全)하다. 壬이 없으면 癸라도 대용(代用)하지만 공명(功名)이 不久(오래 가지 못함)하고 辛을 보면 늙도록 貧苦(가난 빈, 쓸 고)하며 丁이 있어 制辛(억제제)하면 간사한 위인으로서 女命이 그러하면 음란(淫亂)수다스럽다.

1983년08월29일14시생						
乾命	癸亥	辛酉	丙寅	乙未		
수	1	11	21	31	41	51	61
대운	庚申	己未	戊午	乙巳	甲辰	癸卯	壬寅

위 사주는 네 기둥이 튼튼하며 오행을 모두 갖추고 태어나고 재관이 투철하여 조화를 잘 이룬 사주이지요, 癸亥수가 官으로 유력하고 辛酉금이 재성인데 유력하며 비록 실령(失令-우두머리인 월지를 잃었음)은 하였으나 득지(得支-일지는 얻어 강함)로 약하지 않고 시간에 정인 乙木이 나타나서 유력하니 財官을 충분히 부릴 수 있다 하여 좋은 사주에 포함될 수 있는 사주임은 틀림없습니다.

본 명조의 주인공은 법을 전공하고 변호사로 활동하는 법조인의 팔자인데 辛丑년에 부부인연이 어떠냐고 물어 왔네요, 丑未충이 문제가 될 것인데 그 이유는 이 사주에서 未土의 역할이 큰데요, 丑未가 沖하면 未土의 통관(通關)의 역할이 끊어지고 맙니다. 그래서 화금이 상전(相戰-서로 싸움)을 하게 되지요, 그러나 부부의 인연이 끊어 질 정도는 아니랍니다.

<9> 戌月丙火

양의기운이 물러가는 시기라서 비록 丙화라도 己土 상관을 보면 빛이 그믐밤같이 캄캄해진다. 그러므로 甲목으로 土를 억제하고 木生火 하면서 壬수를 취해 쓰면 좋다는 얘기다. 그래서 甲壬이 둘 다 천간에 나타나면 부귀가 보통이 아니고 만약 壬수가 없으면 癸수라도 써야한다. 甲은 지장간에 있고 壬이 천간에 뜨면 뛰어난 재주꾼이고 옆에 火土가 둘이상이면 비록태왕하지 않더라도 스스로 조역해서 일생동안 바쁘게 움직인다. 만약 金水가 없으면 일찍 어려서 죽게 된다. <양기(陽氣)가 퇴기(退氣)하니 기토회광(己土晦光)한다. 우선 甲木으로 제토(制土)하고 壬水를 취용(取用)한다. 甲壬이 양투(兩透)하면 부귀가 비범(非凡)하고 壬이 없으면 癸라도 쓴다. 갑장임투(甲藏壬透)하면 수재(秀才)요, 일파화토(一脈火土)면 비록 태왕하지 않다 해도 자조(自燥)하여 일생분류(一生奔流)하고 金水가 없으면 요절(夭折)한다>

1948년09월26일17~18시생						
乾命	戊子	壬戌	丙戌	丁酉		
수	3	13	23	33	43	53	63
대운	癸亥	甲子	乙丑	丙寅	丁卯	戊辰	己巳

사주구성상으로 보아 식신생재격(食神生財格)으로 사업가의 기질이 강한 사주로 부자로 살아온 것은 운이 기가 막히게 좋았다는 것이다. 32세운까지는 고생하는 운이지만 33세운부터 60년간 좋은 운으로 흘러 부자 되고 돈 버는 것은 걱정이 없겠는데 50대 후반에서 60대초의 운이 안 좋아 신상에 큰 이변이 발생하는 운이었을 것이고 불안한 기운이 역력하지만 전체적인 운의 흐름이 좋아 잘 버티고 잘 살아왔

을 것이다. 현재 운이 73세에 바뀐 경오(庚午)대운이라고 하는 운을 타고 있는데 나쁜 운은 아니지만 그렇다고 승승장구하는 운세는 아니며 손재(損財-손해 볼 운)의 기운도 보이니 매사를 조심조심 살피라고 조언해야 하고 己亥 庚子 辛丑년인 금년까지 지난 내리 3년간의 운은 불리한 운이어서 매매나 돈 버는 일이 마음과 같이 잘 순조롭게 안 되지만 2022년 임인(壬寅)년 이라는 범 띠 해가 되면 크게 문서 운이 들어 사고 파는 일이 내 마음대로 잘 될 것입니다.

[自然法 四柱學]
戌월의 丙화는 火氣가 쇠하고 土氣가 극성하니 木으로 疎土하고 生火함이 좋고 水로 조열함을 제거하면 금상첨화다. 그런데 本命은 원국에 木이 없으나 대운에서 30년간 木운을 만났고 월간 壬수가 큰 역할을 하게 되어 승승장구 한 것이다. 壬수는 丙화를 밝혀주는 반사경과 같은 역할을 한다.
[문]50대 후반에서 60대초의 운이 안 좋아 신상에 큰 이변이 발생하는 운이었을 것이고 라고 한 것은?
[답]53세~62세 대운이 戊辰대운인데 辰戌 沖으으로 5戊辰戌 土가 충동하면 허약한 丙화는 회기무광(晦氣無光)으로 기진맥진(氣盡脈盡)합니다. 이런 경우 반드시 건강문제가 대두된답니다. 또한 식신土가 강해지면서 土多金埋로 아내의 별이 묻혀버리므로 부부간의 문제도 발생한다.〈사실 확인- 아내가 암투병중 사망하고 바로 이어 자신의 몸에 풍기가 와서 반신불수상태가 그 때 왔다고 합니다.〉
문]庚午대운이라고 하는 운을 타고 있는데 나쁜 운은 아니지만 그렇다고 승승장구하는 운세는 아니며 손재(損財)의 기운도 보이니 라고 한 말은?
[답]일간 丙화가 인수대운일 때는 힘을 받아 승승장구 하지만 사주구성상으로 봐서 庚午대운을 만나면 午戌合 火局을

이루어 비대해진 火氣가 군겁쟁재(群劫爭財)의 역할을 하게 되어 손재의 기운이라고 한 것입니다. <이미 巳대운에 택시회사를 하나 더 매입해서 운영하는데 계속적자를 본다고 함 70억대에 매입한 회사를 56억에 매수자가 나타났으나 안 팔았더니 이제는 50억도 안 준다고 한단다.>

[문] 2022년 壬寅년 이라는 범 띄 해가 되면 크게 문서 운이 들어 사고파는 일이 내 마음대로 잘 될 것이라고 한 것은 ?

[답]壬수가 겁재 丁화를 묶고(丁壬合化木) 寅목은 인수 문서로 丙화를 돕습니다. 壬寅 癸卯 甲辰 乙巳 월운까지는 강하게 문서 운이 들어 좋고 丙午 丁未월은 비겁이 요동치므로 손해보고 판다고 한 것이죠,

위 사주는 丙화일간이 3土가 있다 해도 戊戌토는 식신이면서 火庫地를 둘이나 차서 허약하지 않고 金水의 조화로 조열하지도 않다 또한 젊어서는 운이 좋아 크게 부자가 될 수 있었으나 戊辰대운이 들어서면서 식신이 과다해지면서 辰戌沖으로 둑이 무너지기도 하지만 辰토는 습토라서 회기무광(晦氣無光)의 기운으로 신상에 이변이 발생 한 것이다.

三冬 丙火

 失令이란? 우두머리 영 잃을 식자이니 丙화의 우두머리인 월지을 잃었다는 뜻으로 三冬은 水가 왕성한 계절이니 木으로 물기을 흡수하고 戊토로 둑을 쌓아 물을 막고 庚금 연장으로 나무을 다듬는다는 것을 기뻐한다. 그래서 甲戊庚이 천간에 나란히 나타나면 큰 사람이 될 수 있다는 말이다.
<태양이 실령(失令)하고 水旺하니 木으로서 설수(洩水)하고 戊土로서 制水하며 庚으로서 制木함을 기뻐한다. 甲戊庚이 竝出하면 큰 그릇이 될 수 있다.>

<10>

亥月丙火

木이 많으면 金을 쓰고, 水가 많으면 戊土을 쓰고, 火가 많으면 壬수을 쓴다. <木多하면 用庚하고 水旺하면 用戊하며 火多하면 用壬한다.>

1983년10월20일申시생						
坤命	癸亥	癸亥	丙辰	丙申		
수	5	15	25	35	45	55	65
대운	甲子	乙丑	丙寅	丁卯	戊辰	己巳	庚午

 위 사주는 0木 2火 1土 1金 4水구성 된 팔자이다. 水왕절에 丙화로 水가 많다, 水가 많으면 戊토로 둑을 쌓거나 木으로서 물기를 흡수 하던지 해야 한다. 그런데 木은 없고, 辰토가 있으나 辰토는 습토로 물기를 막을 힘이 없고, 옆에 申금은 申辰水局을 이룬 상태이니 지지는 모두 물바다이다, 시간에 丙화가 외로이 떠 있으나 힘이 없어 물을 말릴 수 없다. 한마디로 파격이다. 그런데 丙寅대운엔 운이 좋아 결혼도 하고 두 아들까지 낳고 잘 살아가는 가 했더니 丁卯대운

에 들어서면서 부부간에 틈이 벌어지기 시작하더니 辛丑년에 가출하고 이혼 하자고 한다니 팔자소관이라 하지 않을 수 없겠다. 이 사주를 학습차원에서 자세히 살펴보기로 하자.

관살혼잡(官殺混雜)의 명조이고 편인인 亥水가 일파해수(一派亥水)와 정인인 癸수 역시 일파계수(一派癸水)이니 일파만파(一波萬波)라고 해도 지나친 말이 아닐 것이다. 어찌 丙화가 丙화의 역할을 할 수 있을 것인가이다. 도저히 부부가 해로하기 힘겨운 사주이다. 관살혼잡은 부부불목(夫婦不睦)도 되지만 남자가 사주에 많으니 나쁘게 이야기 하자면 한 남자가지고는 안 된다, 남자가 많다. 그러니 해로 못할 수밖에 별 도리가 없다.

사주보다 운이 좋아야 한다는 말이 있다. 그래서 인지 丙寅대운에 丙화가 힘을 받고 인목으로 부조하니 기가 막힌 운이었기에 고등학교 교사 남편 만나서 결혼 했고 두 아들까지 낳고 잘 살아왔습니다. 그런데 丁卯 대운에 들어서면서 부부간에 틈이 벌어지기 시작 하더니 가출하고 이혼요구 한다니 이운을 자세하게 살펴봐야 할 것 같다. 丁癸충으로 왕수를 건드려 놓았다, 卯목은 물기 많은 습목이라 이 많은 물을 흡수 할 수 없다. 일명 왕신충발(旺神沖發) 된 것이다. 왕신충발 되면 인생사에서는 대 이변이 벌어지게 된다고 하는데 이 안 좋은 운을 편안하게 넘길 수는 없었을 것이다. 그 해가 좌지우지한다는데 살펴보기로 하자, 辛丑년이다. 그나마 의지 하고 버티던 시간 丙화가 辛금에 잡혀간다.(丙辛合) 丑土는 冬土로 凍水이기도 하며 亥수를보면 물로 변한다. 물인 관살이 강해지는 결과이다. 그렇다면 戊辰대운은 어떨까 살펴보자. 戊토로 둑을 쌓아보지만 결국 辰운에 둑이 무너지면서 홍수사건이 벌어질 것이다. 라고 예상 해 본다.

<11> 子月丙火

동지가 지나면 양의 기운이 발생하여 봄의 기운이 오기 시작 한다. 그래도 차가운 기운인 물이 왕성여 戊土로 물과 습기를 막아야 한다, <冬至에 陽生氣하니 壬水를 취하고 戊로서 制凍한다. 壬多用戊하면 文章은 出衆하나 身虛하여 虛名虛利하다.>

1984년윤10월26일02시						
乾命	甲子	丙子	丙戌	己丑		
수	6	16	26	36	46	56	66
대운	丁亥	戊子	己丑	庚寅	辛卯	壬辰	癸巳

사주는 중화도 중요하지만 조후가 매우 중요하다. 子月의 丙火라면 水가 문제가 되는데 이 사주에서는 년 월시지가 子子丑이니 水氣가 태왕이다. 水를 다루는 것은 丙火로 따뜻하게 하거나 甲木으로 설기시키거나 아니면 戊土로 둑을 쌓아 막아야만 하는데 본명은 丙火가 월간에 뜨고 甲목이 년간에 나타나있으며 戊土는 천간에 나타나지 않았지만 己土라도 뜨고 일지에 조토(燥土)인 戊土를 놓고 있어 갖출 것은 다 갖춘 형태지만 무재(無財)사주라는 점과 재고(財庫)를 놓고 있다는 점인데 재성인 金은 없어도 식상이 잘 발달 되고 조후용신이라 큰 문제는 없다. 다만 재고(財庫)는 문제성이 많이 있을 사주로 구성 되어있다. 돈 창고이니 남녀 공히 재고를 재물로서는 좋게 보지만 육친으로 남자의 경우 아내가 묘지에 드는 입묘(入墓) 형국이라 처복이 없다고도 하는데 특히 배우자궁에 刑殺까지 놓고 있어 이 사람은 평생 앉고 가야 할 숙제가 아내 문제가 될 가능성이 크다. <이사람 조강지처와 이혼소송중인데 또 여자가 들어왔단다,> 팔자는 못 속인다는 말이 이에 해당 된다 하겠다.

<12> 丑月丙火

丑월은 봄을 맞이하는 기운이 강해 눈이나 서리를 두려워 하지 않는다.<陽氣가 二生하니 雪霜을 두려워하지 않는다. 壬을 쓰되 土旺節이니 土多하면 甲木이 강해야 한다. 壬甲이 竝出하면 富貴하다. 甲木이 숨고 壬이 透하면 秀才에 지나지 않고 一派己土하고 無甲乙이면 총명하고 거만하나 名利가 허망하다.>

1963년음12월14일22시생				
坤命	癸卯	乙丑	丙子	己亥
수	3	13	23	33	43	53	63
대운	丙寅	丁卯	戊辰	己巳	戊午	己未	庚申

위 사주는 관살혼잡(官殺混雜)이 된 사주지요. 亥子丑 水方局을 이루고 癸수가 년상에 나타나서 관살이 태왕 합니다. 乙卯목이 있어 통기시킬 것 같은데 습목(濕木)이라 많은 물을 흡수해 내기는 역부이네요, 己토가 막아보려고 하지만 역시 힘이 되지 못하는 형상이어서 삶이 고달프겠어요, 대운의 흐름은 좋아 평탄한 삶을 살아 갈 것 같은데 그렇지가 못한 팔자지요, 원국이 부실해서 운의 적용을 잘 받아 기복이 심하다 그런 말입니다. 丁卯대운도 불리하고 己巳대운도 순탄치를 못합니다. 丁卯대운에 안 좋았다는 것은 학창시절이 안 좋아 공부도 안 되는 운이었고 戊辰대운에 食神土가 물을 막고 안정 되어 결혼도 하고 자녀도 둘이나 얻지만 己巳대운에 巳亥沖 戊午대운에 子午沖으로 일부종사 못하고 이혼 합니다. 본명이 운의 흐름이 金水로 흘렀다면 접신하여 신을 받을 팔자였는데 동남 운으로 흘러 신도 못 받는 팔자지요. <신을 받았으나 약해서 포기했다 네요>역술공부 하고 있답니다. 亥수 천문성이 있고 상관이 있어 잘 할 수도 있겠네요.

丁火篇

三春 丁火

木은 어머니요, 火는 자식인데 봄이 되면 木이 왕성하니 木生火로 火도 힘을 받아 좋아진다는 것이고 그래서 庚金 도끼 연장으로 쪼개어 불을 붙이면 작고 큰일 모두 잘 하게 된다고 하는 것이다. <母衰子旺하니 能小能大하다. 甲木이 得旺하니 庚金이 아니고는 쪼갤 수 없고 劈甲을 못하면 引火가 不能하니 無用之物이다. 一派甲木하고 無庚하면 非貧則 夭命이다.>
만약 庚金은 없고 甲木이 낭자히 나타나거나 지지에도 木局을 이룬다면 木多火熄(木이 많아 불이 꺼짐)으로 인생사에서는 가난하게 살거나 일찍 죽게 된다.

<1> 寅月丁火

甲木이 당권(當權)하니 庚金을 전용한다. 甲多無庚하면 무리향(離鄕)하고 妻子의 인연이 박하다. 甲見하고 庚子시생이면 조처조자(早妻早子-어려서 결혼하고 일찍 자손 얻는다)한다.

1984년01월12일진시생					
坤命	甲子	丙寅	丁丑	甲辰	
수	3	13	23	33	43	53	63
대운	乙丑	甲子	癸亥	壬戌	辛酉	庚申	己未

木多 火熄 될까 염려되는 사주다. 다행이 丑辰습토가 강하게 설기한다. 나름대로 조화는 장 이룬 사주다. 대운이 壬戌 운으로 戌土가 배우자궁을 丑戌형하고 官庫인 辰土를 辰戌 沖하면 부부문제 발생가능성이 보이는데 세운에서는 癸卯년이나 甲辰년이 불리해 보인다. 부부의인연이 박한 女命이다.

<2> 卯月丁火

卯목은 습기가 강한 木이라 丁火를 상하게 한다. 그러므로 庚금으로 乙목을 묶고 甲목으로 불을 지펴야 한다는 말이다.<濕木이 傷丁하니 庚金을 써서 去乙하고 甲木을 써서 引火한다.> 그래서 甲목과 庚금이 나란히 나타나야 부귀를 누린다는 것이고 만약 乙庚이 함께 나타나도 합이 되어 쓸모없게 된다.<庚甲이 兩透하면 大貴大富한다. 乙庚俱透하면 貪合하니 無用之物이다.>대운이 金水로 운행하면 가난이 뼈에 사무친다. 그런데 卯목을 나란히 보고 甲목이 없을 경우 부귀가 잠시 일뿐 오래가지 못한다. 이런 경우 재물을 탐하다가 재앙을 불러오고 그 공이 반감된다.<一派二木하고 不見甲木이면 富貴가 오래 가지 않으며 貪財하다가 招災하며 昇功半出 한다.>木局을 이루고 庚금이 천간에 뜨면 귀하게 되나 庚금이 없으면 보통사람이다, 卯월의 丁화는 乙목만 있고 庚금이 없으면 의지할 곳이 없다는 것은 연기만나고 타지 않으니 庚금이 있어야 乙庚합으로 보내게 된다는 말이다.<木局이있고 透庚하면 淸貴하나 無庚하면 常人이다. 卯月 丁火가 有乙 無庚하면 의지 할 곳이 없고 가난하다.>

상담사주 하나 풀고 갑시다.
나이도 삼십대 후반이고 예쁘고 나무랄 것 없는 여성분인데 부부가 사이가 안 좋다고 하네요, 3살 먹은 딸이 하나있고
10년 결혼생활 하면서 정을 못 느낀다는 거예요,
돈 걱정은 없는 집 남자 만나서 건물 임대료로 살아가지만 남편이 생활비만 빠듯하게 주고 아주 짠돌이로 살아가서
우울증에 견디기 힘들답니다.
이혼하고 싶은 생각뿐이랍니다.

1986년02월15일 19:20분						
坤命	丙寅	辛卯	丁卯	己酉		
수	6	16	26	36	46	56	66
대운	庚寅	己丑	戊子	丁亥	丙戌	乙酉	甲申

사주의 구성이 묘합니다. 木旺節에 一派卯木하고 無官사주에 배우자궁이 卯酉相沖으로 깨졌고 木多火熄하기 십상인 사주지요. 丙寅이 있어 引火 할 것 같지만 丙辛으로 묶어 연기만 펄펄 나고 불빛은 가물가물한 상태지요, 답답한 심정이 군요, 대운까지 불을 끄는 水운이니 말이 아니네요, 46세 이후 서방金운이 와야 기를 펴고 살아 갈 것 같습니다.

辛丑년 운은 스트레스를 많이 받겠고 壬寅년은 그런대로 살아가지만 사실상 스트레스 많이 받아 건강에 문제가 발생할 수 있는 기운이 보이는데 寅목은 引火하려고 하니 불길은 강해지더라도 己토가 설기신이어서 이 사주에서는 용신인데 木이 많아 힘이 없는 상태인 상황에서 다시 寅운을 만나고 壬수는 己土濁壬으로 나의 생각이 혼미해저 판단력이 흐려질 수 있고 정신적으로 문제가 발생하니 우울증이 심해지는 운이며 癸卯년을 만나면 丁癸沖에 卯酉가 상충하니 신상에 대 변화가 에고 된 상태랍니다. 이 말은 잘못하면 병원 신세도 질 수 있고 정신적으로 문제가 발생하는 극한 상황에서 우울증이 심해 조현병으로 발전될 가능성이 있답니다. 인수과다 자는 설기신이 용신인데 턱없이 많으면 식상이 맥을 못 추기에 이런 상황이 발생하게 되지요, 이 고비를 잘 넘겨야 할 텐데 이런 때 이혼하지 않으면 화병으로 건강에 문제가 발생될 것이니 조심하라고 조언해 주었습니다.

이 사주를 학문적으로 접근해 풀어야 할 필요성이 있습니다. 인수과다자인데 水가 관성인 남편의 별로 이 水가 어떤 역할을 할 까요? 水生木합니다. 그러므로 忌神인 인수를 생하는 형상이어서 남편의 별이 나쁜 역할을 하므로 남편과 정이 적거나 덕이 없을 수 있는 사주지요, 강하면 눌러주라고 하였으나 이 사주는 빼주어야 하는 팔자여서 己토를 용신해야하고 金을 보좌(補佐)하는 별로 써야 하는 팔자지요,

<3> 辰月丁火

土旺하니 설기(洩氣)가 심하다. 먼저 甲木으로써 制土(疎土-억제)하고 庚金을 써서 벽갑인화(劈甲引火-경금으로 갑목을 쪼개어 불을 댕긴다)해야 한다. 甲庚이 양투(兩透-둘이 나타남)하면 대발(大發)한다. 水局을 이루고 壬水가 透하면 살중신경(殺重身輕-살이 많아 일간이 약함) 하니 요절흉사(夭折凶死-일찍 어려서 죽거나 나쁘게 죽음)할까 두렵다. 戊己土가 兩透하면 天下一品의 大貴를 누린다. 이때 甲이 나와 제토(制土-토를 누름)하면 무용지물(無用之物-쓸모없는 사람)이다.

1951년03월02일辰시생						
坤命	辛 卯	壬 辰	丁 丑	甲 辰		
수	10	20	30	40	50	60	70
대운	癸巳	甲午	乙未	丙申	丁酉	戊戌	己亥

이 사주는 월주에 官과庫가 동주(同柱)한 팔자이다. 특히 식상이 왕하고 관이 壬辰 괴강살에 앉아있고 甲辰시를 만나 관고를 두개나 놓아서 일부종사가 어려운 팔자인데 남편이 암으로 투병하다 세상을 뜨고 말았다. 관고란 일명 과부 살이라고 한다. 사주가운데 관고를 놓으면 남편의 무덤을 찾다

하여 안 좋게 본다. 관고란 남편의 별인 관성이 12운성으로 묘궁(墓宮)에 들었음을 말하는데 木의 庫는 未토가 되고, 火 土의 庫는 戌토가 되며, 金의 庫는 丑토요, 水의 고는 辰토 가 됨으로 辰戌丑未를 고장지(庫藏地)이라 하는 것이다.

三夏 丁火

여름철 丁화라도 甲목과 庚금을 함께 쓴다. 癸水를 싫어하 고 丙화의 빼는 습토를 꺼린다. 壬이 천간에 나타나 丙을 억제하면 맑고 귀하게 된다.<火氣가 强하나 甲庚을 並用한다. 癸水 를 싫어하고 丙화의 奪光 역시 꺼린다. 壬이 透하여 丙을 制壓하면 玉堂 에 오르고 淸貴하다>

<4> 巳月丁火

초여름이라도 丁화는 甲庚을 좋아하고 癸수는 경금을 섞기 해서 정화를 치니 가장 꺼린다.<甲庚을 並用하고 癸水가 洩庚傷丁 함을 싫어한다. 有庚無甲하고 透戊하면 傷官生財하니 富貴하고 水多木浮 하면 常人이다. 二丙一丁이면 失光하고 二丁一丙이면 保光이다.>

1997년04월09일04:30분생						
乾命	丁丑	丁巳	丁巳	壬寅		
수	3	13	23	33	43	53	63
대운	丙辰	乙卯	甲寅	癸丑	壬子	辛亥	庚戌

<상담사주입니다>

예사롭지 않은 명조이다. 1木 5火 1土 1水로 구성 되어있 으면서 三丁이 透干되고 丁壬이 妬合되니 合以不化로 보아 야 할 것이다. 巳丑합과 寅巳刑을 하는 상태이다. 정석대로 命造를 분석하자면 劫財星이 강하니 자기마음 내키는 대로 살아가야 하는 사람이다. 財官이 不實하니 좋은 직업도 없고

돈도 없는 사람이다. 대운을 살펴보니 불난데 부채질 하고 있는 형상이어서 삶 역시 고달프겠다. 이런 사주를 만나면 어떤 말로 먼저 말문을 열어야 할까? 함께 고민해 보기로 하자, 필자는 이사람 어머니에게 이런 말로 말문을 텄다.

이아들 인생을 잘 살아가려면 먼허나 자격증 또는 기술을 배워야 합니다. 그렇게 살아가지 않으면 부모님 속 썩이고 자기인생 망치며 살아갈 가능성이 있는 사주랍니다.
왜 그런 말을 했을까요?

우선 官星이 不實하고 성정이 겁재성이 강해서 남의 지시나 간섭받는 것을 싫어해 어떤 일을 해도 간섭받지 않는 자기 기술을 지녀야만 오래 버딜 수 있어서 한말이다. 또 장사나 사업을 하게 되면 郡劫爭財할 가능성이 농후해서 한 말이다. 이정도 말을 건네면서 고객과 소통해야 한다. 한마디로 꼴통의 사주이기에 잘못이야기 하면 고객과 소통이 안 된다. 이렇게 이야기 하면서 우선 단점보다는 장점을 찾아 희망을 주어야 한다. 좀 늦게 철들겠어요, 라고 했더니 사람 노릇은 할 수 있겠느냐고 물어온다. 그렇다면 이사람 현재 사람구실 제대로 못하고 있다는 걸 인정해준 것이다. 그럼요, 30이 조금 넘으면 운이 좋아 잘 살아갈 수 있고 이사람 사주에 돈은 없지만 돈 창고를 차서 부자도 될 수 있답니다. 그 대신 진로를 어떤 방향으로 잡아야 하느냐가 관건입니다. 라고 했더니 공부도 안 해서 지금부터라도 검정고시 봐서 대학이라도 보내고 싶은데 할 수 있을 까요? 그럼요, 이사람 금년(辛丑年) 운이 안 좋아서 부모님 속깨나 썩이고 자신은 자신대로 스트레스 받지만 내년(壬寅年)부터는 새로운 일 시작 하거나 공부도 할 수 있는 운이랍니다. 이 사람은 자기가 좋아하는 일이 아니면 절대 안 할 사람이니 자기가 좋아하는 분야의 전문가 기술자로 살아가야 합니다. 4년제 대학보다는 2년제 전문대학이 좋고 거기서 배운 기술로 면허로 자격증으로 살아가야 한다고 조언 해 주었더니 사실대로 이야기 하더군요, 25세가 되도록 좋은 직장 못 잡고 알바인생으로 살아가면서 게임중독에 많은 돈도 날리고 일도 안 하고 부모님신세만 지고 인내력도 없어 무슨 일 제대로 시작만 하지 매듭도 못 짓는 답니다. 성질은 불같아 성질나면 眼下無人이라네요, 그래서 그 말 받아 그때뿐이지 오래가질 않잖아요, 라고 했더니 그래요, 금방미안하다고 사과하고 언제 그랬냐는 식으로 잘 잘 잊어버린답니다.

  사주는 상담학입니다. 무엇인가를 맞춰주려고 하지 말고
  묻고 답하는 식으로 풀어야만 하는 것이니까요,

<5> 午月丁火

한여름인 午월 丁화는 뜨거워서 庚壬을 써야하므로 庚壬이 둘 다 천간에 나타나면 좋고 甲목은 쓰지 않는 다는 것이다. <庚壬이 竝出함을 기뻐하고 祿支인지라 甲은 쓰지 않는다. 年上에 壬見하면 君에 忠하고 父에 孝하다. 土가 剋水하면 忠孝의 君父 傷하니 常人이고 水方向運이면 發身한다. 水가 透干하면 用甲하고 用甲하면 用庚한다.>

1946년06월04일卯시생					
乾命	丙戌	甲午	丁丑	癸卯	
수	2	12	22	32	42	52	62
대운	乙未	丙申	丁酉	戊戌	己亥	庚子	辛丑

사주를 볼 때는 반드시 오행 유무여부(有無與否)를 제일 먼저 살펴야한다. 오행은 많아도 병 없어도 병이기에 꼭 살펴보아

야 한다. 이 사주는 金오행이 없다. 사주에 財가 없는 사람은 평소에는 재물에 대한 관심이 없어 보이지만 어느 순간 관심이 많아지기 시작하는데 그 시기는 식상운에 식상생재 하려고 하는 것이다. 庚子대운은 庚金이 나타났지만 子水 死宮에 들어 불리한데 丙戌년을 만나니 겁재가 상관을 달고 오는 운이었다. 상관이 생재하려 한다. 그런데 丙화 겁재가 올 커니 너 잘 만났다고 먹어치워 버린다. 이 사람도 주식투자로 수억을 날렸다고 한다. 항상 無五行을 경계해야한다. 견겁이 태왕한데 丁화는 무엇을 좋아할까 庚금을 기다린다. 녹이고 싶은 마음에서다. 나타나기만 군겁쟁재(群劫爭財)한다.

<6> 未月丁火

늦은 여름이나 차가운 기운이 시작 된다. 甲목으로 불을 붙이고 하고 庚금을 제련함이 좋다<.三伏生寒하며 退氣하니 甲을 專用하고 庚金을 겸용으로 쓴다. 丙으로서 庚을 녹이고 甲을 건조하면 錦上添花다. 秋丙은 失令하니 丁光을 겁탈하지 못한다.>

2019년06월27일진시생				
坤命	己亥	辛未	丁卯	甲辰
수	3	13	23	33	43	53	63
대운	壬申	癸酉	甲戌	乙亥	丙子	丁丑	戊寅

늦은 여름철 丁화라도 년 월간지에 土金水가 강하여 신약한데 시간에 나타난 甲목과 일지 卯목이 기름단지가 되어 약하지 않고 조화를 잘 이룬 사주인데 亥卯未로 三合木局하니 신강사주가 되었다. 오행을 모두 갖추고 조화를 잘 이룬 경우라서 丁화의 역할이 크겠는데 아쉬운 것은 庚금이 없다는 것이다. 이런 경우 살아가면서 헛발질을 잘 한다. 木화의

기운이 강하고 金水의 기운이 약하다. 財官이 부실한 것이 이사주의 결점이다. 다행인 것은 財官運으로 흘러 크게 어려움 없이 살아간다.

三秋 丁火

가을철의 丁화는 물러가는 기운이니 어린이같이 약하고 지는 해와 같아 석양에 비추는 찬란한 빛과 같다.<退氣하고 幼弱하니 서산에 기우는 夕陽이 湖水에 落照하는 찬란한 光彩를 기대 할 뿐이다. 그러나 土多하면 감당할 수 없으니 戊土로 制水함을 기뻐하고 甲木이 遮光함을 두려워한다. 戊多壬少하면 洩氣가 지나치면 映寫面이적으니 常人이다.>

<7> 申月丁火

甲木과 庚金 그리고 丙火를 兼用한다. 甲이 없으면 乙木을 쓰는데 丙화가 건조하는 것이 必修條件이다. 用甲者는 大富大貴하고 用乙者는 小富小貴한다.

坤命	戊辰	庚申	丁酉	乙巳		
수	1	11	21	31	41	51	61
대운		己未	戊午	丁巳	丙辰	乙卯	甲寅	癸丑

1988년06월28일08:40분생

1木 2火 2土 3金 0水로 구성 되고 관성인 水가 부족한 명조이다. 이런 사주를 재다신약(財多身弱-재성이 많아 약한 사주)이라고 하며 특징은 선약후강(先弱後强-먼저는 약하고 뒤에는 강함)으로 변했고 대운이 火운과 木운으로 흘러 좋다. <결혼하고 아들하나 놓고 현재 직장생활 잘 하고 있는 여성이다.>甲목을 쓰는 자는 대부대귀(大富大貴)하고 乙목을 쓰는 자는 소부소귀(小富小貴)한다는 말은 힘이 약해서라는 의미인

데 본명과 같이 운에서 도와주면 대부대귀할 수 있다. 이런 경우 인수운보다 비겁 운에 더 발복한다. 이 사주에서 가장 안 좋아 보이는 시기가 乙卯대운일 것이다. 乙庚合하고 卯酉沖하면 木이 상해서 무력하면 많은 財를 감당하기 어렵다.

<8> 酉月丁火

벌써 차가운 기운이 드는 시기라서 甲木과 庚金 그리고 丙火를 함께 쓰면 좋다. <申月의 丁火와 비슷하다. 庚辛多出하고 無甲이면 財多身輕하니 富屋貧人이고 水多得土制水하면 富貴하다.>

坤命	1959년08월10일술시생			
	己	癸	丁	庚
	亥	酉	酉	戌

수대운	9	19	29	39	49	59	69
	甲戌	乙亥	丙子	丁丑	戊寅	己卯	庚辰

위 명조는 財多身弱으로 보지만 丁火가 의지 할 곳은 천지사방을 둘러 봐도 없다. 다행인 것은 49대운부터 동방木운이라 여기에 희망을 걸어야 한다. 식상 土도 강하고 官殺도 혼잡 되고 일부종사는 어렵다. 그리고 건강관리도 잘 해야 하는 팔자이다. 상관생재로 이어지는 팔자라서 궁색하게 살지는 않겠다.<초혼은 실패하고 열 살 연상인 남자와 재혼하여 늦게 아들하나 낳고 잘 살아간다.>그런데 남편이 겨우 생활비만 준다고 한다. 남편이 상담해 와서 건강이 안 좋다고 하여 있다고 조언 해 주었다 (丁癸沖 卯酉沖하는 해 여서다)

<9> 戌月丁火

甲목의 도움을 받고 庚금을 녹이면 좋다는 말이고 甲목과 庚금이 함께 나타나면 크게 발전이 있다<甲을 쓰고 庚을 기뻐한다. 甲庚이 竝出하면 文豪가 淸貴 大成한다. 無甲하면 傷官傷盡(傷官得令 또는 太多無官인 경우)하고 非凡하다.>

1982년10월31일20:40분생				
乾命	壬戌	庚戌	丁亥	庚戌
수	3	13	23	33	43	53	63
대운	辛亥	壬子	癸丑	甲寅	乙卯	丙辰	丁巳

이 사주는 상관성이 강한 명조입니다. 戌월의 丁화로 월 시간에 庚금재성이 투출되어 土金기운이 강한팔자로 상관생재(傷官生財)하는사 주이지만 나를 도와주고 의지할 곳은 천지사방을 둘러보아도 없습니다. 亥中甲木을 용신해야 하는 팔자로 내 노력으로 내 머리로 살아가야할 사람입니다. 다행이도 33세운부터 동방木운으로 운행되어 내 기량을 내재된 나의 실력을 다 발휘 할 것입니다. 32세운까지는 癸丑 운이라 만사가 꼬이고 잘 안 되는 운이니 너무 조급하게 생각하면 몸 상하는 운입니다.(丑戌刑殺) 이 사람은 상관성이 강해 머리가 비상합니다. 너무 잘 돌아가는 머리라서 잔꾀에 내가 당하는 수도 있으니 매사 신중을 기해야 합니다. 인비는 전혀 나타나지 않고 食財官이 판을 치는 신약한 팔자여서인지 실속이 없고 인내력이 부족한 것이 흠이지요. 이사람 기술자 기능공팔자라서 어려서부터 인테리어 기술자로 전전하더니 결국 포기하고 명리 공부하여 로상(路上)점포에서 사주 봐주고 점주와 나눠먹는 일을 하고 있습니다. 명리학을 할 수 있

는 것은 戌亥 천문성이 있고 상관성이 발달 되어 잘 할 수 있는 팔자이긴 한데 인내력이 약해 오래 버티고 잘 할 수 있을지 의문이네요,

三 冬 丁火

겨울丁화는 무조건 甲목을 오르지 써야 하고 庚금도 좋으나 두개의 壬수가 서로 다퉈 합하려 하거나 두 丙이 丁화의 불 빛을 빼앗아가는 것도 크게 꺼린다. <水旺하고 火虛하니 甲木을 專用하고 庚을 애용한다. 二壬이 爭합함을 싫어하고 二丙이 奪丁함을 두려워한다.>

<10> 亥月丁火

甲庚을 병용(竝用)하고 임투(壬透)하면 戌土로 제수(制水)함을 기뻐하며 二壬이 쟁합(爭合)하거나 二丙이 (奪光)함을 두려워한다.

1945년10월20일戌시생				
坤命	乙酉	丁亥	丁酉	庚戌
수	4	14	24	34	44	54	64
대운		戊子	己丑	庚寅	辛卯	壬辰	癸巳	甲午

재다신약(財多身弱)한 팔자이며 己丑운에 신을 받은 무당으로 평생을 살아가면서 상관생재로 이어진 팔자에 운이 동남방 木火운으로 흘러서 돈 걱정 없이 살아 왔다고 한다. 乙未 대운에 들어서면서 도식(倒食)운에 부부간에 이혼 송사로 많은 돈을 잃었다고 한다. 亥월 丁화가 무력한데 재성이 과다하여 내 것을 못 지키는 팔자이며 戌亥 천문성이 있고 酉금을 쌍으로 놓아 부처님을 모시는 팔자라고 보아야 한다.

<11> 子月丁火

무조건 甲목으로 불을 붙여야 하는데 경금으로 쪼개어 불을 붙이는 것이 가장 좋고 무토 상관이지만 내편이다<甲庚을 竝用하고 癸水를 두려워한다. 戊土가 破癸하면 형제와 妻子가 유력하고 得勢破丁하면 六親이 無德하고 만사가 뜬구름 같다.>

1958년11월 6일20시생						
坤命	戊戌	甲子	丁卯	庚戌		
수	3	13	23	33	43	53	63
대운	癸亥	壬戌	辛酉	庚申	己未	戊午	丁巳

추운겨울(子月)의 정화(丁)라고 하는 초불 같은 음화(陰火)로 초저녁(戌時)에 태어나서 약해보이나 일지에 묘목(卯木)과 월간 갑목(甲木)의 도움(生助)으로 힘이 있고 유통이 잘 되는 관인상생(官印相生)사주로 이어지고 첫째 오행(五行)을 다 갖추고 태어나서 좋으며 신왕(身旺)하고 상생(相生)이 잘 되어 막힘없는 삶을 살 수 있어 좋은 사주입니다. 그런데 戊土가 내편인 사주인 것 같지만 지지에 쌍戌토를 놓아 상관이 병이 된 경우이죠, 이렇게 잘 구성된 사주이면서도 일부종사 못하고 초혼은 실패하고 재혼해서 살아가는 것은 상관이 강하게 정 편관을 극함이요, 배우자궁이 子卯刑을 함에 원인이고 상관이 생재하여 돈을 잘 버는 상황인데 이 여인은 보험설계사로 50대 초반부터 왕성한 활동으로 많은 고객을 확보하여 잘 살아간다. 재물도 많이 축적하고 잘 살아가는데 팔자는 못 속인다고 남자인연이 좀 박하여 내가 돈을 써야 하는 남자지 도움 받는 남자는 없다. 그리고 배우자궁에 도화가 놓여 있거나 배우자궁이 도화와 합을 하는 사주는 항상 자신이 바람 끼가 있거나 배우자가 바람날 가능성이 높다.

<12> 丑月丁火

丑月의 丁火라면 甲木이 生火하고 丁火는 용광로이니 쇠인 庚金을 좋아하므로 함께 쓴다고 되어있으나 차가움이 극에 달하니 丙火로 건조하는 작업이 우선 되어야 한다는 것이다. <甲庚을 竝用한다. 乙木을 쓸 때에는 반드시 丙화의 乾燥작업이 先行 되어야 한다.>

1955년01월03일23:40분					
乾命	甲午	丁丑	丁亥	壬子	
수	3	13	23	33	43	53	63
대운	戊寅	己卯	庚辰	辛巳	壬午	癸未	甲申

<상담사주입니다>

 乙未生 이지만 입춘전에 출생하여(立春節入前生이라서) 甲午년 丁丑월로 봐야하는 사주다. 水火가 상전(相戰)하는 사주에 甲목이 통기(通氣)시키는 팔자라서 甲木이 상(傷)하는 해는 매우 불리하다. 이 사주는 木火가 4이고 水가 4인 4 : 4사로균형을 이룬 사주 같지만 丑월의 子시 생이라서 급한 것이 차가운 기운을 따뜻하게 해주는 불인 火가 급하고 亥子丑水방국을 이룬 많은 물이라서 설기신인 甲목이 반드시 필요하지요 본명은 사주구성이 조화를 이루었다고 볼 수 있으나 극과 극이 대치한 경우와 같아 통관지신이 상하는 庚금이 들어오는 해는 조심해야 하는 사주지요.<2020년 庚子년에 폐암 말기 판정을 받았으나 잘 이겨내고 잘 살아가는데 그래도 연력 걱정이 된다며 언제까지 살 것인가 궁금하다며 오신 고객입니다.> 이와 같이 사주가 편고 되면 반드시 건강문제가 발생하게 되더라는 것인데 운세의 흐름으로 보아 장수하기는 어려울 것 같다.

戊 土 篇

三春 戊土

봄철은 木이 왕성한 계절이라서 土가 허약하므로 丙화로 木의 기운을 빼서 土를 도와주면 좋고 또 木으로 흙을 갈아엎으면서 봄 흙이니 癸수를 쓰면 비단옷입고 꽃까지 더했다는 표현으로 좋음을 표현했다.<木旺하니 土虛하다. 丙으로서 洩木하고 扶土함을 기뻐하고 生土하면 木으로써 疎土함을 기뻐한다. 土는 木의 극으로서 靈이 通하고 發身한다. 土는 水가 있어야 피가 통하니 癸水를 兼用하면 錦上添花다.>

<1> 寅月戊土

丙火로써 난토생부(暖土扶土-토를 따뜻하게 하면서 흙을 도와주면)하고 甲木으로서 소토생령(疎土生靈-흙을 갈아엎고 영을 불어놓고)하며 癸水로서 윤토생기(潤土生氣-흙을 젖게 하고 기를 불어넣어줌)하면 대부대귀(大富大貴)한다. 丙이 없으면 성장(成長)이 어렵고 有丙無癸하면 춘한(春旱-봄 감음)으로서 다액(多厄-많은 액)하며 지성화국(支成火局-지지에 火局을 이루면)하고 無壬癸면 승도지명(僧道之命-중 팔자)이다.

1960년12월29일酉시생						
坤命	辛丑	庚寅	戊寅	辛酉		
수	7	17	27	37	47	57	67
대운	辛卯	壬辰	癸巳	甲午	乙未	丙申	丁酉

이 사주는 상관성이 강하고(庚辛酉4金)견관(見官-편관을 보았다)해서 성격도 원만 하지 못하고 남자 배우자 인연도 좋지 못하나 의식주 걱정은 안 하며 살겠다.<남편하고 이혼하고 독신으로 살고 옷장사하며 교회와 집밖에 모른단다.>

<2> 卯月戊土

봄철의 흙이므로 甲목을 쓰고 丙화로 키우고 癸수로 기르면 좋다는 말이고 甲목이 쌍으로 나타나고 丙화가 없다면 보통 사람의 命이고 지지에 水局을 이루고 甲목과 庚금이 천간에 뜨면 부귀가 온전하나 만일 庚도 없고 火도 없고 土도 없으면 흉액이 따른다.<丙甲癸를 並用한다. 一派甲木하고 無丙이면 常人이요, 支成水局하고 甲透並庚하면 富貴雙全하다. 만일 無庚하고 無印無比하면 凶厄이 많고 盜賊이 되기 쉽다.>

坤命	戊辰	乙卯	戊寅	己未			
수	6	16	26	36	46	56	66
대운	甲寅	癸丑	壬子	辛亥	庚戌	己酉	庚申

1988년02월076일15~16시

이 사주는 木과 土로만 구성 된 사주로 寅卯辰方合木局하고 乙목이 월상에 나타났으므로 木氣인 官殺이 강하다. 군겁(群劫)도 문제지만 관살혼잡(官殺混雜)이란 것도 문제가 된다. 이 사주가 申시에 태어났다면 土生金으로 洩土하고 金剋木으로 다스시면 좋겠는데 운세 역시 水운으로 흘러 財生官하므로 官이 득세하여 삶이 고달프지 않을까 염려 되지만 46대운이 西方金운부터는 안정 된 삶을 살 것이다. 이여자분은 간호사로 간호사 남편을 만나 辛丑년에 결혼 했다는데 남편사주 역시 庚午 癸未 己丑 戊辰으로 군겁(群劫)이 판을 치는 편고함이 문제이다. 결혼1년차 부부라서 서로 많이 사랑해야 한다는 조언만 해 주었다.

<3> 辰月戊土

辰월의 戊土 일주라면 土가 강하니 甲木이 우선이고 丙으로 온토(溫土-흙을 덥게)하고 癸수로 윤토(潤土-흙을 물로 적신다)하면 좋다. 甲丙癸 3자가 나란히 나타나면 최고의 사주다. 둘이 나타나고 하나가 암장 된 경우라도 좋다. <먼저 甲木으로 疏通하고 丙癸를 竝用한다. 三者竝出하면(甲丙癸가함께 나타남) 一品之大貴요, 二透一藏亦大發한다. 一派乙木인데 庚이 있어 合官하면 內奸外直하고 口是身非한다. 丙甲이 없으면 愚昧하고 賤하며 甲癸가 透하면 發身한다. 丙多無癸하면 旱田이니 先富後貧하고 支成火局하고 透木得庚하면 富貴하고 無庚하면 淺薄하다.>

1981년03월26일20시출생							
坤命	辛酉	壬辰	戊寅	壬戌			
수	2	12	22	32	42	52	62
대운	癸巳	甲午	乙未	丙申	丁酉	戊戌	己亥

　辰월의 戊土가 戌시를 만나서 강약으로는 신강사주이며 월 시간에 나타난 쌍 壬수가 윤토(潤土)하고 辛酉상관이 설기하며 寅中戊丙甲이 암장 되어 있는 상태라서 조화는 잘 이루어진 상태로 이여성이 살아가는 문제는 큰 어려움이 없을 것이다. 다만 운세의 흐름상으로 보아 丙申대운은 강하게 식신 운이 들어 결혼을 거부하는 운이고 또 배우자궁과 대운이 寅申相沖되는 운이어서 결혼성사가 잘 안 되는 운이었을 것이다.<독신선호자는 아닌데 결혼성사가 잘 안 되어 현재 41세인데 미혼이었다.>그러나 혼자 사는 팔자는 아니지만 43세 계묘년을 넘기면 결혼 못하고 독신으로 살 수도 있으니 결혼에 관심을 가지라고 조언 해 주었다.

三夏 戊土

여름은 양기가 왕성하고 차가운 기운은 안에 저장하게 되니 밝은 식해보이지만 안으로는 비어있다. 불기운 보다는 양토이므로 목으로 흙을 갈아엎는 것이 우선이다. <陽氣가 旺盛하고 寒氣를 內藏하니 外實內虛하다. 火炎은 두려워하지 않으나 疎土가 急하다. 甲으로 疎土하고 丙癸로써 生土하고 潤土하면 富貴가 兼全한다.>

<4> 巳月戊土

먼저 甲木을 써서 소토(疎土)하고 丙火로 생부(生扶)하며 癸水로 윤토(潤土)하면 大貴하다. 甲丙이 병출(竝出)하면 大貴하고 丙癸 구투(俱透-함께 나타나면)하면 발신(發身)한다. 일파병화(一派丙火)면 화염조토(火炎燥土)하니 승도지명(僧道之命)이요, 일계투일임장즉 공명(一癸透一壬藏則 功名)이 크다.

1997년음04월10일辰시생				
坤命	丁丑	乙巳	戊午	丙辰
수	7	17	27	37	47	57	67
대운	丙午	丁未	戊申	己酉	庚戌	辛亥	壬子

위 사주는 삼신상생격(三神相生格)으로 구성 된 사주이면서 편고 된 명조이다. 인수인 火가 많아 조토(燥土)로 분류 할 수도 있고 화토중탁(火土重濁)이라고도 할 수 있다. 그러나 사주는 불여대운(不如大運)이라고 하여 운이 좋으면 잘 살아갈 수 있게 되는데 본명의 운세가 초년 20년간은 火土 흉신운이라 불리 하지만 20대 후반부터 서방금운으로 흘러 말년 水운에 이르기 까지 운이 기가 막히게 좋다. 이 사주에서 土도 건토(乾土)는 불리하지만 습토(濕土)는 좋기에 년 시지의 丑辰토는 吉神에 해당한다.

<5> 午月戊土

여름 흙은 마른 흙이므로 壬水를 먼저 쓰고 甲木을 함께 쓴다.<燥土하니 壬水를 先用하고 甲木을 兼用한다. 壬甲이 兩透하면 君臣慶會하니 大貴다. 年에 辛透生壬하면 官이 極貴하다. 支成火局하고 一癸透則 不能火濟하니 好學하나 不成名하고 眼疾이 있다. 壬水가 透하면 發身하고 土木이 重重하고 無一水면 僧道之命이다.>

坤命	1958년04월23일卯시생			
	戊戌	戊午	戊午	乙卯
수	1	11	21	31	41	51	61
대운	丁巳	丙辰	乙卯	甲寅	癸丑	壬子	辛亥

 이 사주는 무재(無財)사주로 丙辰대운이 財가 입고되는 대운이다. 15세 癸丑년이 되면서 주중에 없는 財가 나타나니 비견 戊土가 무리지어 덤벼든다. 이것을 군비쟁재(群比爭財)라하며 이에 극을 당한 癸수가 육신으로 정재이니 아버지의 별이다. 父星이 辰土 고장으로 입고(入庫)되어 부친이 사망했다. 그러나 21대운부터 동방목운과 북방수운으로 흘러 희용신 운으로 발복하는 운이라 무난하게 살았다. 비록 원국에 水가 없어 조열하지만 대운에서 40대부터 30년간 들어오고 정관 官이 유력하여 官인 남편을 지킬 수 있었다.

<6> 未月戊土

6월염천에 건조함이 극에 달하는 계절이어서 癸수를 먼저 쓰고 甲丙을 다음에 쓴다했다. 癸丙이 함께 나타나면 좋고 癸수는 있고 甲도 丙도 없으면 재주꾼일 뿐이고 癸수와 辛금이 함께 나타났으면 문장이 칼같이 좋고 癸수가 없고 丙하만 있으면 보통사람이고 土는 많은데 甲은 나타났으나 丙이 없다면 무던한 사람으로 문장이 좋다.<乾燥하고 枯氣하니 癸水를 先用하고 甲丙을 次用한다, 癸丙이 並透하면 發身하고 有癸見甲無丙하면 秀才다. 癸透辛竝則 刀筆之才가 있고 無癸丙者는 常人이다. 土多한데 透甲無金하면 성정이 무겁고 文章이 놀랍다.>

1983년06월10일07:15분생						
坤命	癸亥	己未	戊申	丙辰		
수	7	17	27	37	47	57	67
대운	庚申	辛酉	壬戌	癸亥	甲子	乙丑	丙寅

이 사주는 己未월의 戊土지만 丙辰시를 만나고 일지에 申금을 놓고 년지에 癸亥수가 놓여 조열한 팔자는 아니다. 식신생재 하므로 돈복은 있으나 無官이므로 亥中甲木을 꺼내 써야만 발복하겠다.<39세 노처녀인데 사는 것은 좋은데 결혼이 안 된다는 것이 문제났다> 이런 경우 壬寅년에 남자인연 있어 41세 癸卯년에 결혼 수 보인다고 해야 한다.<戊癸合寅 亥 亥卯未 三合>이 여성은 배우자궁에 식신 희신이 앉아있어 결혼성사가 늦어지지만 결혼만 하면 부자 되고 행복한 형상이다 木이 약신 이어서 결혼해야만 이라든 단서를 붙인 것이다. 本命은 癸丙이 천간에 나타나서 인간으로서의 역할이 잘 되고 재성이 유력하고 재고(財庫)를 놓아 부자의 명이다.

三秋 戊土

차가운 기운이 점점 발생하는 시기이니 丙火를 먼저 쓰고 癸수와 甲목을 다음으로 쓴다.<寒氣가 漸生하니 丙火를 先用하고 癸甲을 다음에 쓴다. 三者가 竝出(丙癸甲이 천간에 다 나타남)하면 極貴大富한다.>

<7> 申月戊土

申월 戊토는 우선 본인 화를 먼저 쓰고 다음으로 水木을 쓴다는 것이다. 丙 癸 甲이 천간에 모두 나타난 경우 최고의 사주가 된다.<先用丙하고 癸甲을 次用한다. 三者幷出하면 極品이고 無丙有癸甲하면 淸雅하며 家富千金이다. 無甲癸者는 常人이고 有丙자는 賢妻子肖하며 丙癸甲 俱無者는 下流之人이다.>

坤命	庚申	甲申	戊午	壬戌			
수	2	12	22	32	42	52	62
대운	癸未	壬午	辛巳	庚辰	己卯	戊寅	丁丑

1980년7월3일19:50분생

본명은 오행전구에 식신이 유력(本命은 五行全具에 食神이 有力)하니 신약사주이다. 그러나 일지에 午화를 놓고 시지에 戌토까지 놓아 신(身-사주에서 일간)몸신 이 허(虛-빌 허)하지는 않다. 다행이도 대운이 남방화운이라서 조화를 이루므로 결혼도 하고 잘 살아간단다. 중년이후 대운역시 동방목운 이라서 좋고 비록 병화는 투출되지 않았어도 午화가 午戌火局을 이루고 癸수는 없어도 壬수가 나타나서 갖출 것은 다 갖추었으므로 삶이 무난하게 잘 살아갈 것이다.

<8> 酉月戊土

설기생한(洩氣身寒-土의 기운을 빼서 차가운 기운을 만 듬.)하니 丙火로 제금생토(制金生土-금을 억제하고 土를 도와주면)하고 癸水로 윤토(潤土)하며 木은 싫어한다. 丙癸兩透하면 發身하고 병계구무(丙癸俱無-丙화와 癸수가 함께 없으면)하면 분류지객(奔流之客=바쁘게 달리고 물 흐르듯 살아가는 사람)이다.

乾命	1983년08월11일申시생					
	癸亥	辛酉	戊申	庚申		
수	3	13	23	33	43	53	63
대운	庚申	己未	戊午	丁巳	丙辰	乙卯	甲寅

 1土 5金 2水로 구성되어 종아격(從兒格)으로 봐야 하고 삼신상생격(三神相生格)으로 무난할 것 같은데 운이 인수 운이라 불리하다 印比운은 흉하고 金水木은 길하다고 한다. 당시 39세인데 아직 미혼이라 궁합을 봐달라고 의뢰 했는데 여성은 26세이니 13세 연하였다. 이런 팔자는 나이차이가 많아야 살 수 있다.

<9> 戌月戊土

戌월에 戊토라면 土의 기운이 강하므로 우선 甲木으로 갈아 엎고 癸水로 건조한 땅을 적셔주어야 한다. 戊癸로 슴해 火로 변하면 흉하다. 金을보면 土生金으로 금이 강하니 丙화로 금을 억제해야 하고 丙이 없고 癸만 있으면 작은 부자 인, 癸수와 甲목이 전혀 없으면 丙화가 있다 해도 보통사람이고 중 팔자다. 지지가 火局을 이루고 金水가 함께 나타나면 청고하고 부귀하나 물인 水가 없으면 건조한 땅이니 땅으로서의 역할이 안 되므로 가난 하고 삶이 고통스럽고 처자 역시 약하니 무덕하다는 것이다. <먼저 甲木으로 소토(疎土)하고 다음에 癸水를 쓴다. 合化하면 凶하다. 金을 보면 丙을 쓰고 無丙有癸면 小富하며 癸甲이 全無하면 有丙해도 상인(常人)이고 승도지명(僧道之命)이다. 지성화국(支成火局)하고 金水가 병출(竝出)하면 청고(淸高)하고 부귀하나 無水하면 일생 곤고(困苦)하고 처자(妻子) 또한 빈고(貧苦)하다

1962년10월10일0시10분			
坤命	壬寅	庚戌	戊申	壬子
수	9	19	29	39	49	59	69
대운	己酉	戊申	丁未	丙午	乙巳	甲辰	癸卯

위 사주의 주인공은 전주에서 남편과 부동산 원룸사업 하다가 무리하게 호텔을 인수 하였는데 庚子년 부터 코로나로 호텔업이 안 되고 빚에 시달리다가 남편이 부도를 냈는데 부부가 연대보증으로 신용불량자가 되는 등 고통을 받고 있는 여성의 팔자이다. 남편이 자신의 기구한 팔자를 알기위해 역술공부를 한다고 하면서 필자의 저서를 탐독하면서 인연이 된 분의 아내 사주이다.

선생님 아내가 저 세상으로 떠났습니다. 辛丑년 甲午월 丙戌일 巳시에 죽였습니다. 뒤에서 다가오는 호랑이는 피할 수 있어도 앞에서 다가오는 사주팔자는 피할 수 없다더니 명리학 이라는 학문이 무섭습니다.

왜 이 여인이 죽음이란 극단적인 선택을 하게 되었을까?
1. 辛丑년은 辛금은 상관이고 丑토는 子丑으로 또 金生水로 물바다지요. 둑은 대운에서 辰戌 충으로 무너지고 홍수가 난 상태죠.

2, 甲午 월의 甲木이 편관 七殺이죠, 목을조여오는 달이었습니다. 午火는 寅午戌 火局으로 불바다를 만듭니다, 불에 활활 타는 형상이고요

3, 丙戌 날은 丙壬 충에 戌토는 火庫地로 나비가 불로 뛰어 든 상태입니다.

4, 巳시는 寅巳申 三刑殺이 되므로 사고치는 날이죠, 옛날 박정희 대통령도 寅巳申 三刑하는 날 총 맞아 사망 했습니다. 사고수로 봅니다.

이렇게 사고 나는 년 월 일 시를 보면 이상하게 나쁜 날이 되는데 우리가 인생을 살아가면서 어찌 안 좋은 날을 골라 조심하면서 살아야 가겠습니까,

아내가 죽었다는 문자를 받으면서 또 한 번 실수했구나 하고 후회가 되더라고요, 지난번 금년 운세를 봐줄 때<크게 損財하거나 生死의 기로에 서기도 합니다. 그러나 자세히 살펴보면 기의 흐름이 좋아 무난하게 넘길 수도 있으니 크게 마음에 담아두지 마세요, 더 하고 싶은 말이 많지만 줄입니다.>라고만하고 글을 줄였는데 그때 아내가 극단적인 선택도 할 수 있으니 세심하게 잘 보호차원에서 살피라는 말을 못 한 것이 끝내 아쉬움으로 남았습니다.

다시 사주원국 해설로 들어갑니다.

戌月의 戊土지만 원래 戌月은 金이 왕성한 계절인데 본명은 庚申금이 떠서 강약으로 보면 신약한 팔자지요, 지난 30년 동안 대운의 흐름이 좋아(火운으로 扶助를 벋음) 잘 살아왔는데 甲辰대운에 들어서면서 辰戌沖으로 둑이 무너지고(寅戌화국이 깨짐) 甲木칠살이 극성을 부리기에 안 좋은 운인데 辛丑 년이라면 상관 운이고 丑戌刑살을 한 이유로 관재구설에 휘말려 결국 극단적인 선택을 하게 된 것이다.

三 冬 戊土

적은 양기지만 조금씩 나타나니 甲목을 먼저 쓰고 丙화를 뒤에 쓴다는 뜻이고 수왕절이니 가급적 水는 쓰지 않는다. 木으로 땅인 흙을 갈아엎어 잠자는 흙의 혼을 깨워 생기를 불어넣으면 비록 겨울철 흙이라도 유래하고 생기가 있게 된다. <소양(小陽)으로 양기(陽氣)가 조금씩 生하니 甲을 쓰고 다음에 丙을 쓰며 水는 쓰지 않는다. 동토(冬土)는 동토(凍土)이니 木으로서 소토(疎土) 해야 잠자는 영(靈)을 깨울 수 있고 생기(生氣)가 발랄(潑刺)하다>

<10> 亥月戊土

물이 왕성한 계절이니 甲목을 써서 물의 기운을 빼고 흙을 갈아엎고 丙화의 기운으로 차가운 벌판을 따뜻하게 돕는다. 戊토는 큰 벌판 흙으로 甲목이 아니고서는 그 흙의 영혼을 불러 깨울 수가 없고 丙화가 아니고서는 넓은 벌판에 따뜻한 기운을 불어 넣을 수 없다. 甲목과 丙화가 함께 천간에 나타나면 부귀하고 甲丙이 없으면 중인 스님의 팔자가 된다는 것이다. <水旺하니 먼저 甲木을 써서 감수(減水)하고 소토(疎土)하며 丙火로서 난토(暖土)하고 生土한다. 甲木이 아니고는 토영(土靈)을 生 할 수 없고 丙火가 아니면 생기를 발생 할 수 없다. 甲丙이 병출(竝出)하면 부귀하고 甲丙이 없으면 승도지명(僧道之命)이다.>

亥月戊土편에서는 실화사건을 이야기 하려고 합니다.
" 며칠전 아는 언니 따라 우연히 가게된 것이 화근이었어요, 그분 말씀은 하늘에서 시키는 대로 얘기 할뿐이라고 하시며 저를 보더니 단명 하네 얼마 안 남았어, 근데 한국서 안 죽고 해외 나가서 죽어 근데 시체도 건지지 못해~그리고 신경계로 병이 와 이렇게~ 막말을 하는 거예요 젊은 남자분인데~ 하도 어이가 없어서 아무 말도 못하고 나왔어요." 라는 하소연의 편지를 필자에게 보내 왔습니다.

1960년음9월28일戌시생				
坤命	庚子	丁亥	戊申	壬戌
수	3	13	23	33	43	53	63
대운	丙戌	乙酉	甲申	癸未	壬午	辛巳	庚辰

 위 내용의 편지는 辛丑년에 보내온 것 이었습니다. 그렇다면 왜 그 돌팔이 도사가 이런 험한 말을 했을까? 가 핵심이니 명조해설 보다 운세를 보면서 말하려고 합니다. 辛丑년 이라면 상관의 해이고 丑토는 亥子丑 水方局을 이루니 물바다이고 壬수가 시간에 나타난 사주이니 물이 많아 홍수가 난 해여서 이 돌팔이가 물이라는 것을 물고 늘어진 것입니다. 이 돌팔이 도사는 사주는 잘 읽는데 잘못 배워 잘 못써먹는 다는 것이지요,

 재성이 많은 사람들은 대체적으로 욕심이 많다, 그러므로 과욕을 부리면 세운이 나쁠 때 재난(財難-재물로 인한 수난 어려움을 당할 수 있다,>을 면치 못한다.

 <u>얼마 안 남았어</u>, 이 말의 핵심은 금년이라는 뜻이 잠재 되어있는 말이다.

4, 辛丑년 운세를 살펴보자,
 辛금은 傷官 운이고, 丑토는 亥子丑으로 財星 기신이 되어 흔들어댄다. <方局 北方水局을 이루어 물바다로 흔들어 댄다, 그러므로 이런 험악한 말을 듣게 된 것이다,>다행이다. 이 여성분 이걸로 액땜을 했다, 만약 그런 일이 없었다면 어떤 문제가 발생 할까? 우리는 이런 것을 찾아내야 합니다.

상관(傷官)운에 당하는 일 들
<상관은 나를 지켜주는 별인 정관을 강하게 치는 별이라서>

1, 여자일 경우 남편과의 불화 또는 남편일이 잘 안되고 심하면 이혼 별거 등 다툼이 발생한다.
2, 건강문제가 발생 할 수가 있다.
3, 官이 상하게 되니 하는 일이나 직업적으로 문제가 발생하여 직장인은 좌천 또는 심한 경우 퇴직까지도 된다.
4, 구설로 연결 되어 송사 수 수술 수 등으로도 본다.
5, 이여자의 사주로 봐서는 상관이 겁재 丑토를 달고 들어와서 재성으로 변했는데 재성이 기신이므로 내 주위 사람들로 인하여 재물에 대한 손해를 본다.
6, 이렇게 운이 나쁠 때는 만나는 사람도 안 좋은 사람을 만나 게 되는데 이 여자분 운이 안 좋아 이런 사람 만난 것이다.

그런데 절처봉생(切處逢生-벼랑 끝에서 살길을 만나다)이라는 역술용어가 있는데 이런 가운데나 나 같은 사람을 만난 것도 우연은 아니다. 丑中에 癸辛己라는 지장간을 살펴보면 癸수가 戊癸合化 火로 인수를 만들고 己토 비견이 도와주어 죽을 것을 면하게 했다.

<11> 子月戊土

엄동이라서 丙화로 한습(寒濕:찰한, 습할 습)함을 녹여주고 木으로 보좌하면 크게 귀하게 된다. 丙화가 나타나고 甲목이 암장되면 청빈한 삶을 살게 되며 丙화는 암장되고 甲목이 나타나면 살아가는 전 과정이 어려움이 많고 丙화는 있고 甲목이 없으면 호부(豪富-호걸 호, 귀인 호, 부자 부, 귀인 같은 부자)하며 甲목은 있고 丙화가 없으면 청빈(淸貧-맑을 청, 가난 빈)하다. <丙火를 專用하고 甲木을 補佐로 쓴다. 甲丙이 竝出하면 大貴하고 丙出甲藏하면 淸貧하며 丙藏甲出하면 前過程이 多難하고 有丙無甲하면 豪富하며 有甲無丙하면 淸貧하다.>

1981년12월05일해시생				
乾命	辛酉	庚子	戊子	癸亥
수	10	20	30	40	50	60	70
대운	己亥	戊戌	丁酉	丙申	乙未	甲午	癸巳

 戊土일간이 3金 4水로 구성 되어 삼신상생격(三神相生格)이고 종재(從財)해야 할 팔자인 것 같은데 고전에서는 어찌 보는지 살펴보겠습니다. 子월의 戊土가 癸亥시를 만나고 일지에 다시 子水를 놓았으므로 일간 戊土는 水氣에 고립되어 병이 水에 있다. 이런 경우 거병(去病)하는 약이 겁비(劫比)가 강성해야 하는데 타 간지에 금기(金氣)만 가득하고 火土가 보이지 않으므로 종재격(從財格)으로 金水 운에 발복한다. 亥子의 기운이 돌아 北方이 되고 癸시가 투출해서 戊土일간은 고립 되고 도움이 전여 없다. 이 팔자의 병은 분명 水에 있다, 병을 제거하는 비겁만이 약이 되는데 타간지에 식상금(食傷金)만 가득하니 戊土일간을 돕는 火土가 없으므로 종재(從財)로 봐서 오히려 좋은 命이 되었다.
그런데 말이다. 從財格이 되어 좋다고는 하지만 寒濕한 기운이 가득하여 신체적으로는 온기가 없으며 냉기가 진동하니 운에서 金水가 좋다고는 하나 세운에서 냉기를 묶고 오면 건강에 문제가 될 것 같다.
 그런데 辛丑년을 만나면 亥子丑 水方局을 이루는데 辛金까지 부조하면 폭포수로 홍수사태가 날 수 있다. 비위인 소화기능이나 신장방광이 안 좋아 질 수 있는 운인데 이 사람 4개월여 설사를 하는 병에 걸렸다기에 연려가 되어 우선 병원에가 진료가 급선무라고 말해 주었다.

<12> 丑月戊土

子월의 戊土와 유사하다(자세한 것은 子월 甲木편을 참고할 것) 비겁이 원국에 있고 甲木이 나타나면 부귀하고 차가운 戊土가 丙화가 없으며 甲木이 있으면 이 또한 겉은 실(實-꽉차다)해보이나 속은 허(虛-비어있다)하다. 두 개의 癸수가 나타나 쟁합(爭合)하면 평생 고생하며 살고 己土가 있어 癸수를 억제하면 충의지사(忠義之士)다. <子月戊土와 비슷하다. 有比劫하고 甲透면 大貴하고 寒土無丙하며 有甲亦內虛外實하다. 二癸透하여 爭分하면 평생 고생이 많고 己土가 있어서 制癸하면 忠義之士다>

1952년01월07일丑시생				
坤命	辛卯	辛丑	戊寅	癸丑
수	1	11	21	31	41	51	61
대운		壬寅	癸卯	甲辰	乙巳	丙午	丁未	戊申

이 사주는 인터넷에 떠도는 박근혜 전 대통령의 명조입니다. 사실 확인은 안 된 사주지만 참고로 분석해 봅니다. 丑월의 戊土가 火가 보이지 않습니다. 寅中丙火가 조후용신이 되겠고 상관이 월 시간에 강하게 나타나서 독신팔자지요, 상관이 흉신이니 자손도 부하들도 덕이 적은 명조인 것을 보면 맞는 사주 같기도 하네요, 戊土가 비겁이 중중하며 월시지에 뿌리내리니 과묵하고 독불장군같이 고집이 세고 운의 흐름이 좋아 일국의 대통령 영애로 태어나고 본인도 대통령이 되지만 삶은 순탄치 않았다. 戊申대운 丁酉년 乙巳월이었으니 寅巳申 三刑이 걸렸네요, 己酉대운 辛丑년 庚子월에 사면이 되었는데 4년9개월만이지요, 지난 4년여가 亥子丑년이었으니 꽁꽁 얼어 묶여 있었는데 동지가 지난 시기에 사면되었으니 壬寅년 운기는 봄이 되어 활동 재개된 것이다.

1990년12월13일13시출생				
坤命	庚午	己丑	戊戌	戊午

수	2	12	22	32	42	52	62
대운	戊子	丁亥	丙戌	乙酉	甲申	癸未	壬午

　위 사주는 丙화도 甲목도 나타나지 않았고 다만 午中丙화가 암장된 상태이다. 그렇다면 호부(豪富)의 사주로 봐야 한다. 지금부터 이사주의 이야기를 하려고 한다. 2火 5土 1金으로 구성된 신태강사주 이므로 庚금 식신이 용신이 된다.
　이 여성은 개인 사무실을 내고 자영업을 하는 여성이다. <구체적으로 자기가 하는 업을 설명하지는 않았지만 기획광고 같은 느낌을 받았다.> 앞으로의 운세 흐름을 물어 와서 호부로 살아갈 것은 확실하나 이성 인연에 각별한 신경을 써야 할 과제를 평생숙제로 앉고 살아가야 한다고 조언했다.

己土篇

三春 己土

태양 丙화로 옥토를 따뜻하게 壬수를 싫어함은 탁임도 되지만 작은 己토나 바다 같은 물은 꺼리는 것이고 춘삼월은 목이 강해지는 달이라서 木이 많음을 두려워하는 것이고 戊토 겁재로서 물의 침범을 막고 庚금 도끼로 전지하고 다듬는 것을 기뻐한다. <丙火으로서 난토(暖土)하고 壬수를 싫어하며 목왕절(木旺節)이라서 木多함을두려워 하고 戊토로서 制水하고 庚금으로 制木함을기뻐한다>

<1> 寅月己土

아직은 추운 기운이 넘어와서 태양丙화로 따뜻하게 해야 하고 壬수는 바닷물이라 싫어하고 만약에 壬이 나타나면 戊토로 막아야 하고 戊토가 없으면 홍수에 떠내려가니 옥토가 모래사장이 된다. 戊토로 둑을 쌓고 나서 壬수를 얻으면 저수지로 쓰니 좋다. 甲목이 옆에 또 나타나면 庚금을 만나야 하고 이때 癸수와 丙화가 가지런히 나타나면 이름나고 이롭다. 그런데 甲은 많고 庚금이 없으면 잔병이 많다. <아직은 여한이 있으니 丙화를 기뻐하고 壬수를 두려워한다. 壬이 있으면 戊토로 제수(制水)해야 하고 무무(無戊)면 홍수(洪水)에 씻겨서 옥토(沃土)가 사토(沙土)로 변한다. 戊로서 성재(成堤)하고 득임(得壬)하면 득지수리(得池水利)하니 부귀한다. 일파갑목(一派甲木)하고 득경(得庚)하며 癸丙이 제투(齊透)하면 명리(名利)가 쌍전(雙全)하고 갑다무경(甲多無庚)하면 잔질(殘疾)이 많고 폐인(廢人)이 되기 쉽다. 丁화로서 설목(洩木)해도 좋다. 일파화출(一派火出)하고 무수(無水)할지라도 습토(濕土)이니 무방(無妨)하다. 일파무토(一派戊土)한데 투갑(透甲)하면 영달(榮達)하고 을투(乙透)하면 간사(奸邪)하다.

사주속의 상관견관(傷官見官)은
실제 삶에서 어떤 문제가 발생하는가?

1986년01월06일卯시생				
坤命	丙寅	庚寅	己丑	丁卯

수	3	13	23	33	43	53	63
대운	己丑	戊子	丁亥	丙戌	乙酉	甲申	癸未

[명조해설]

　寅월의 己丑토가 丁卯시를 만나고 다시 태어난 년주가 丙寅년이며 월상에 庚금 상관이 투출 된 상태다. 3木 2火 2土 1金 0水인 사주에 4 : 4 사주로 균형을 이룬 것 같지만 木旺節에 태어나고 寅寅卯 3木이 극성을 부리무로 관살혼잡(官殺混雜)되어 신약한 팔자다, 그런데 월상에 나타난 상관이 庚금이 문제입니다. 이런 경우를 상관견관(傷官見官)했다고 한다, 고서에 이르기를 **상관견관 위화백단(傷官見官 爲禍百端)
-상관이 정관을 보면 백가지 재앙이 끝없이 일어난다.** <爲-할 위 될 위, 禍-재앙 불행 근심, 百-일 백 백, 端- 바를 단, 끝 단 자로 끝없이.>

　이 사주는 신왕 관왕(身旺 官旺)한 사주지만 사주구성이 묘(妙)하여 잘 관찰하지 않으면 오답을 내기 쉬운 팔자이다. 관살 혼잡(官殺 混雜)되고, 상관견관(傷官見官)한 것이 문제다. 官殺 混雜 : 정관과 편관이 섞여있는 경우를 관살 혼잡이라 한다. 그리고 식상(食傷-자손의 별)이 묘지(墓地-庫地)에 앉아 있는 형상이다.

　이 여인은 2019년 09월04일 대전일가족자살사건의
당사자 부인의 사주다

<사망일시가 己亥년 壬申월 甲辰일 壬申시 므>

1, 己亥년은 亥수가 水生木으로 財生殺하여 官殺이극성하고 己토는 庚금 상관을 土生金하여 傷官이 見官으로 官을 강하게 극하는 해이므로 관살이 발동하여 재앙을 만드는 해이다.
2, 壬申월은 己土濁壬이라 하여 불리한 상태에 申금 원숭이가 寅목 범을 寅申 충으로 들이 받으면 왕신충발(旺神沖發)한다.
3, 甲辰일은 甲목이 정관이지만 관살이다. 辰토가 들어가면 寅卯辰 木方局을 이룬다. 殺이 태왕하다.
5, 申시라면 寅申이 겹으로 중첩되어 강하게 충이 되어 이런 불상사가 발생 한 것이다.

이와 같이 **傷官見官**이 무서운 이유는 상관이 견관이라 하여 바로 연결 되는 경우의 명조에도 적용되지만 운에서 만날 때도 안 좋은 일이 발생 한다는 것을 명심해야 한다. 상관견관이 다 안 좋다고 볼 수는 없지만 위 여인의 팔자와 같이 관살이 혼잡 되고 허약하면 그 영향이 더 크다, 라는 것도 참고하시기 바란다.

                일파갑목(一派甲木)이란 어떤 뜻인가요?
일파만파란 것을 생각해 보면 쉽게 알 수 있다. 하나의 물결이 연쇄적으로 많은 물결을 만든다는 뜻이니 물결일 듯 옆으로 연쇄적으로 나타난 甲목 이란 뜻이다. 위 己丑일주는 일파인목(一派寅木)이라고 말해야 한다.

<2> 卯月己土

卯월은 완연한 봄으로 양의 기운이 강하므로 甲목이 필요하고 癸수로 土를 적셔야 한다. <양기가 화창하니(陽氣가 和暢)하니 甲木으로 소토(疎土-갈아엎고)하고 癸수로서 윤토(潤土)한다. 甲과 合이 됨을 꺼리고 甲癸가 병출(並出)하면 대발한다. 丙火가 겸출(兼出)하면 위압천리(威壓千里)요, 미관(微官)하고 어리석음이 끝이 없다. 庚이 제갑(制甲) 함을 두려워한다.>

1958년01월23일축시생							
坤命	戊戌	乙卯	己丑	乙丑			
수	2	12	22	32	42	52	62
대운	甲寅	癸丑	壬子	辛亥	庚戌	己酉	戊申

3木 0火 5土 0金 0水로 구성 된 사주로 두 오행만으로 구성 된 것도 문제려니와 乙卯木은 호랑이 같은 칠살이고 己丑외 5土는 첩첩산중이니 첩첩산중에 호랑이 세 마리가 웅크리고 앉아있는 형상이다. 소년기와 청년기 까지 30년간의 대운이 북방水운으로 흘러 나름대로 기름진 문전옥답의 역할을 해 보려고 무한한 노력을 해 보지만 꽁꽁 얼은 땅이라 심었던 나무가 뿌리를 내리지 못하니 남편의 덕도 없고 사람구실 여자구실 잘 안 되는 시기였는데 기중에 전답이라고 나무도 심어보고 <남자도 만나보고> 일도 해보지만 <관살 운이 강함> 되는 일이 없으니 이 팔자는 여자로서 좋은 남편만나 알콩달콩 살아가기는 애시 당초 글러먹은 팔자이니 무당팔자가 아니면 스님으로 살아가야 하는 팔자인 것이 틀림없다.

庚戌대운은 庚금은 상관 운으로 나름대로 활동하고 노력도 해보는 운이긴 한데 丑戌 형살을 하여 삶의 기복이 심한 운이고 52대운인 己酉대운은 卯酉가 相沖하니 호랑이 코털을 건드린 형상이라서 신병이 아니면 수술수요 호랑이 에게 물려 죽기 일보직전의 운이었을 것이다. 다행이도 62대운은 戊申대운이어서 申금의 역할이 커 왕성한 土의 기운을 설기 시키고 편관칠살 乙卯木 호랑이를 제압하니 삶이 순탄하게 넘기는 운기이다.

사람의 운명이란 소우주라서 자연의 형상대로 팔자대로 살아가게 되었으니 그것을 거역하면 삶이 고달프고 심지어는 죽는 일까지 발생 하게 되며 순리대로 팔자대로 살아간다면 큰 어려움 없이 잘 살아가게 되는 것이다.

위 여명은 결혼도 했었고 살아보려고 무척 노력도 해 봤지만 되는 일이 없었다, 결국 이혼하고 독신으로 살다가 神病이 와서 이기지못하고 결국 승려의 길로 가고 말았다고 한다.

<3> 辰月己土

丙癸甲이 함께 나타난 것을 제일 좋아하고 庚금을 싫어한다.<丙화를 先用하고 癸수를 兼用하며 甲목으로 疎土한다. 三者가 竝出하면 入閣하고 庚을 보면 病이 된다. 一派乙木에 金이 없으면 貧夭하고 丙癸全無하면 流浪俗人이다. >

坤命	丁巳	甲辰	己酉	辛未			
수	5	15	25	35	45	55	65
대운	乙巳	丙午	丁未	戊申	己酉	庚戌	辛亥

위 사주는 3월달 봄철의(辰月) 己토라는 전답과 같은 흙으로 태어났습니다. 3土 2火로 신왕(身旺)한 팔자로 구성 되었습니다. 비록 오행은 다 갖추지 못했어도 中和를 이룬 명조

로군요. 월주와 일주가 갑기(甲己)합 진유(辰酉)합으로 합을 한 상태인데요. 甲목은 갑기합화토(甲己合化土)가 성립 되었는데 진유합화금(辰酉合化金)은 불성립(不成立)으로 보아야 합니다. 왜냐 하면은요. 월지라는 점도 있고 辰토가 연주(年柱)丁巳火 와 주위 여건이 인비(印比)의 부조(扶助)로 合化하기 어렵기 때문에 합으로 묶였다, 有情하다로 보면 됩니다. 그러나 비록 합화(合化)하여 金으로 변하지는 않았다 하더라도 일지 酉금이 시간 辛금으로 투출(透出)되어 식신이 잘 발달되었다고 볼 수 있어 이사주가 중화를 이룬 좋은 사주로 한평생 살아가는데 큰 어려움이 없이 살 수 있는 명조라고 하는 것입니다. 이 사주는 갑기합화토격(甲己合化土格)으로 볼 수 있는 사주입니다.

三夏 己土

여름철 전답은 농사기이니 오곡이 이미 심어져 있으니 뜨거우면 문제다, 그래서 물을 먹이고 불로 키우는 것이 가장 좋다는 말이다. <이미 田畓에 五穀이 심어져있고 炎燥하니 癸水로서 滋養하고 丙火로서 化育함이 급하다. 無癸면 旱田이고 無丙이면 不長이니 丙癸가 竝出하면 錦上添花다.>

<4> 巳月己土

癸수와 丙화 辛금이 조화를 이룸을 제일 좋아한다. <癸丙을 兼用한다. 辛금이 生水하면 富貴한다. 戊토가 戊癸합하는 것을 두려워하고 一派丙화에 丁이 制金하며 癸수가 無根이면 火旺水渴하니 孤苦하다. 甲이 첨가 되면 늙도록 孤貧하다. 壬癸가 竝出하면 破火하고 潤土하면 도리어 총명하고 활달하여 富貴를 겸한다.>

乾命	己	己	己	乙
	未	巳	巳	亥

수	3	13	23	33	43	53	63
대운	戊辰	丁卯	丙寅	乙丑	甲子	癸亥	壬戌

여름의 기름진 沃野에 炎火가 극심하여 목이 타는 터에 한 점의 亥水가 시지에 있음은 사막의 오아시스와 같다. 그러나 일지 巳火가 沖去하니 눈뜨고 도둑맞는 형국이요, 命脈인 亥水가 파괴 되니 生氣를 잃음과 똑같다. 천간에 비견이 重重하니 재산이 용납되지 않고 群比爭財가 불가하다 그러나 시상의 乙木이 이를 지켜주고 제지 할 수 있으나 물 없는 炎野에 목이 심하게 타니 기진맥진하여 아무것도 할 수가 없다. 이 사주에서는 火土가 大忌한데 일지 妻宮에 火가 득세하고 일점의 혈육인 亥수를 파괴하니 처덕은 박복할뿐더러 처로 인하여 자녀와의 인연이 막히고 재물 역시 모을 수가 없다. 다행이도 대운이 木과 水운으로 대단히 좋다.

<5> 午月己土

한여름이라서 癸수와 庚辛금을 함께 써야한다, 丙화는 애용함은 성장을 촉진시킨다.<癸水와 庚辛금을 兼用하고 丙화를 愛用한다. 五月은 벼가 한참 성장할 무렵이니 水氣가 크게 수요(需要)되는 동시에 丙화로서 성장시키는 것이 급하다.>

乾命	辛	甲	己	己
	亥	午	卯	巳

수	6	16	26	36	46	56	66
대운	癸巳	壬辰	辛卯	庚寅	己丑	戊子	丁亥

午月己土가 巳시를 만나서 매우 조열(燥熱)하다. 오행을 모두 갖추고 태어나고 4 : 4 사주로 균형은 이루었지만 木은 官印相生하지만 조열한 사주에 도움이 안 죄고 金水가 용신이 된다. 대운이 동방木운은 삶이 순탄치 못했고 己丑운부터 습토 운이라서 안정기에 접어든다. 亥子水운은 길할 것이다.

<6> 未月己土

癸水와 丙火를 쓰며 巳午月 己土와 비슷하다고 보면 된다.

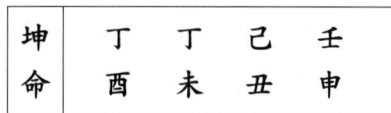

조후용신(調喉用神)으로 壬수를 쓰고, 억부용신(抑扶用神)으로 申금을 쓰는 상격의 사주인데 대운의 흐름까지 서방金운에서 북방水운으로 흘러가니 더할 나위 없는 좋은 팔자로 보아야 한다. 다만 무관(無官)사주라는 것이 일점 흠결이지만 주위 환경으로 보아 官인 木이 존재하고 성장 할 수 있을 것 같아 무관의 큰 의미는 부여하지 않아도 될 사주로 보아야 할 것입니다.

三秋 己土

차가운 기운 점점 올라가는 시기이니 丙화로 온도를 보존하고 癸수로 윤토하면 만물이 성숙할 수 있다. <寒氣가 漸昇하니 丙火로서 保溫하고 癸水로서 潤土하면 萬物이 成熟할 수 있다. 金旺之節이니 丙火로서 制金生土하고 癸水로서 誠金潤土하면 生氣가 발랄하다.>

<7> 申月己土

丙癸를 兼用하고 金多함을 두려한다. 壬癸가 多出함도 싫어하고 이제부터 오곡이 무르익어가니 丙火와 癸水를 竝用한다.

坤命	戊戌	庚申	己巳	丙寅
수	4	14	24	34	44	54	64
대운	己未	戊午	丁巳	丙辰	乙卯	甲寅	癸丑

이 사주에서 눈에 뜨이는 점은 寅巳申 三刑殺이 있고 官印相生되는 점과 사주 네 기둥이 튼튼하다는 점이 이색적이다. 그렇다면 비록 여성이지만 내조만 하는 팔자는 아니겠구나 하는 것을 생각하게 한다. <이 여성의 남편은 은행지점장 출신이고 자신도 금융권에 몸담았다고 한다.> 金이 유력해도 화가 강하여 문제없고 토가 많아도 木이 제토하면 문제없는데 이런 것을 중화라고 한다. 현재는 가정주부로 자녀와 남편 뒷바라지 하며 살아간다. 수가 없어도 상관이 잘 발달 되고 유력하여 재물운도 좋다고 봐야 한다. 현재 건물임대업을 하는 夫君을 돕고 있다.

<8> 酉月己土

丙화와 癸수가 함께 나타남을 기뻐하고 丙화는 있는데 癸수가 없으면 무사의 권한으로 이슴을 날리고 丙화는 있는데 물인 水가 없으면 성실하지 못하고 물은 있는데 丙화가 없으면 재능은 있어 의식은 족하나 크게 성공하지는 못한다.

<丙癸가 竝出함을 기뻐하고 有丙無癸하면 武權으로서 名振 한다. 有丙無水하면 不誠實하고 有水無丙하면 재능이 있고 의식이 足하나 대성하기 어렵다.>

1979년7월28일子시생				
乾命	己未	癸酉	己丑	甲子
수	4	14	24	34	44	54	64
대운	壬申	辛未	庚午	己巳	戊辰	丁卯	丙寅

 이 사주는 己丑일주로 시간에 甲木 정관을 투출 시켰음에도 뿌리가 없고, 오히려 凍水 凍土에 木이 상하는 상태이이다. 그러나 식신생재로 이어지어 궁색하지는 않다. 癸巳년이 되면 癸水는 生官하지만 巳화가 巳酉丑 三合金局을 형성하여 관성인 甲木을 쳐내는 형상으로 매우 불리한 해였다. 앞으로 맞이할 己巳대운이 예사롭지 않아 식신생재로 재물과 인연이 많다.

<9> 戌月己土

戌月己土나면 甲목으로 흙을 파 엎는 것이 급선무다. 甲목이 없으면 외롭고 가난하며 甲목은 있는데 물이 없으면서 火局을이루면 크게 좋지 않다. 戊토를 보면 兇厄이 겹치고 가난 하지만 병인이 함께 나타나면 부귀하게 된다. <甲木으로 制土하면 大貴하고 無甲者는 孤貧하며 甲出하고 無癸며 金氣가 不足하면 甲이 온전하니 積德한다. 支成火局 하고 無水하면 大奸하고 大惡하다. 戊土를 보면 凶厄이 겹치고 가난하며 丙壬이 竝出하면 富貴한다.>

1962년09월20일午시생				
坤命	壬寅	庚戌	己丑	庚午
수	3	13	23	33	43	53	63
대운	己酉	戊申	丁未	丙午	乙巳	甲辰	癸卯

본 명조는 오행을 다 갖춘 사주로 寅午戌 三合火局을 이루고 있다. 이 사주를 원국 그대로 본다면 월일지에 견겁을 놓아 득령 득지에 시지 午화의 부조로 신강으로 보아야 할 것인데 丑戌 견겁은 沖去되어 무력하고 오직 시지 午화에 의지할 터인데 월시간의 庚금 상관이 나란히 나타나 강하게 설기하므로 火土를 喜하고 金水木은 기(忌-꺼릴기)하다고 볼 수 있겠다. 그런데 三合火局을 이루어 후덕한 사람으로 좋고, 두 번째로 寅목의 생조(生助)가 없는 상태에서 午火가 丑土에 회괴(晦壞-그뭄 밤 같이 캄캄하게 무너뜨리거나 빠져들어 감)될 가능성이 있어 다른 말로 표현하자면 사업관계로 인한 모든 것이 힘들어지거나 건강과 관계되는 일이 불리해 질 수도 있게 된다. 그런데 寅午戌 三合局이 형성되어 寅官이 공(拱-두 손 맞잡을 공)으로 午화 록을 생하여 어려운 午火를 도우니 이 사람이 관인상생(官印相生)으로 관을 얻게 되었을 것이다. 삼합국의 중신인 왕지가 록에 해당하면 많은 사람들이 손잡고 한마음 한 뜻으로 도와주게 되는데 이사주의 경우 丑午가 붙어있어 약간 구멍이 난 결과로(穿-뚫을 천, 약간 구멍이 뚫림, 부실 함)그 힘이 부실하다. 그렇다면 이 사람은 어떤 위치의 사람일까? 官을 쓰기는 써야할 것인데 기업관(企業官)일까? 아니면 공복(公僕-공직)의 官일까? 원국에 財(壬)가 있고 그 재가 생관(生官-壬寅)하는 것으로 보아 기업관일 것이다. 만약 甲寅이었다면 공직의 관이었을 것인데 실제로 이 사람은 상장회사의 부사장이었다고 하는데 부자가 붙은 것은 丑土의 회괴(晦壞)로 인한 것이다. 대운 또한 인관(印官)火木운으로 운행되어 기쁘다.

三冬 己土

차갑고 습한 기운이 강해지면서 만물은 생기를 잃게 되므로 병화로 흙을 덥게 하고 甲목으로 물의기운을 빼냄이 좋다.
<寒濕하여 萬物이 生氣를 잃으니 丙火로 暖土하고 甲木으로 水氣를 洩氣함을 기뻐한다.>

<10> 亥月己土

壬水가 旺하니 戊土로 制水하고 丙丁를 취하면 生土하고 制水하여 생기가 발랄하다. 丙火는 解凍生土함이 충분하나 丁화는 不能하니 爲人이 奸하고 詐하다. 甲丙이 竝出하면 大成한다.

1961년10월15일戌시생					
坤命	辛丑	己亥	己未	甲戌	
수	5	15	25	35	45	55	65
대운	庚子	辛丑	壬寅	癸卯	甲辰	乙巳	丙午

사주를 잘 본다는 것은 판을 잘 읽는다는 것이다. 이 사주는 쌍己토가 뜨고 甲목이 나타나서 투합(妬- 강샘 시샘할 투, 합할 합) 된다는 점과 丑戌未 三刑殺이 배우자궁에 걸리고 또 배우자궁에 관고(官庫)를 놓았다는 점이다. 여성 사주에 이정도 되면 일부종사 못하겠고, 라는 말이 나와야 한다.<재혼해거 잘 살고 있으나 남편문제로 끙탕을 한다.>사회활동으로 돈도 잘 벌고 남부럽지 않게 살아가는 여성이다. 土가 병이니 약이 木이다. 남편 없이는 못 사는 팔자다. 운 역시 木운으로 흘러 좋았다고 봐야 한다. 조후용신이 화이므로 화운 도 좋다고 봐야 한다.

<11> 子月己土

子月의 己土는 凍土라서 丙火로 녹이고 戊土로 막고 습기를 제거 하면 기쁘다는 말이고 壬水가 많더라도 戊土로 막으면 편안하고 만약 戊土가 없으면 가난하게 살며 壬水를 꺼린다.<丙火와 戊를土 兼用한다. 戊土로 旺水를 制하고 丙火로서 暖土하면 寒谷回春한다. 壬多得戊制壬하면 安泰하고 壬多無戊하면 富屋貧人이며 壬水를 大忌한다.>

坤命	癸亥	甲子	己丑	丙子		
수	3	13	23	33	43	53	63
대운	乙丑	丙寅	丁卯	戊辰	己巳	庚午	辛未

1983년11월24일23:58분

<상담사주입니다>

돼지 띠 해 동짓달은 차가움이 극심한 때이죠, 태어난 날이 기(己)토라는 전답 같은 작은 흙으로 늦은 밤 子시인 차가운 시간에 태어났습니다, 태어난 날 역시 丑이라는 소날이니 사주에 亥子丑 水方局을 이루어 凍土이지만 시상에 태양 丙火가 떠서 다소라도 차가움이 가가십다. 3:5사주로 약간 신약한 사주로 보아야하고 재다신약(財多身弱)하여 인비(印比)를 용신으로 해야 합니다. 다행이도 운이 동남방 운인 木火운으로 운행 되어 좋습니다. 이사주의 주인공은 좋은 회사에서 13년간 근무하다 辛丑년에 명퇴를 신청해 퇴직금과 위로금을 받고 쉬고 있는데 壬寅년에 직장 잡을 운이 있는지 물어 오셔서 寅목 정관 운이라 좋다고 말해 주었습니다.

이 사주는 丙화가 조후용신이거 甲목이 洩水하니 희신이며 현재 戊辰토운이라 戊토가 한다. 사주가 아름답게 구성되고 대운의 흐름이 좋아 어려움 없이 살 것이다. 좋은 남편 만나고 좋은 직장에서 근무했고 두 아들과 잘 살아간다.

<12> 丑月己土

土달에 己土여서 土의 기운이 왕성하므로 甲木으로 갈아엎고 丙화로 동토를 녹여야만 좋아진다. 壬수가 나타나고 戊토가 없으면 홍수를 막을 수 없으니 전답이 물에 잠긴 격으로 밭의 역할을 못하니 인생사에서는 외롭고 가난하게 산다. 복많있어도 가난은 면한다.<甲목으로 制土하고 丙火로 暖土하면 富貴한다. 有壬無戊하면 洪水가 浸田하니 孤貧하고 得火得土하면 孤貧은 면한다.>

1952년11월23일夜子시			
坤命	壬辰	癸丑	己未	甲子
수	1	11	21	31	41	51	61
대운	壬子	辛亥	庚戌	己酉	戊申	丁未	丙午

이 사주도 비겁중중에 관고(官庫)를 놓은 팔자인데 부모궁에 癸丑 백호를 놓아서인지 부친이 군 전사(軍戰死)로 조실부친 했고 관고(官庫)를 배우자궁에 놓아서인지 남편 하는 일이 잘 안 되고 자신의 官이 역할을 하여 평생 직업(학원업)으로 살아온 여자의 命이다. 甲己合으로 官이 합을 하여 서류상 이혼은 하였지만 동거하고 살다가 결국 악사를 하게 되었다.

이 사주는 火도 金도 없는 팔자이다. 조후가 잘 안 되고 비겁중중에 식상이 전무하며 배려심도 없고 財多하니 욕심 또한 많다. 식상이 입묘되고 관 역시 일지에 고지를 놓아 남편 덕도 없으려니와 첫 자손과도 인연이 박했다. 혼전포태로 낳은 자식은 입양시켰고 첫 남자와는 이별했고 처녀결혼으로 남자를 만났지만 역시 평생 남편 역할을 못했다고 한다. 팔자는 못 속인다는 말이 여기서 나온 말인 것 같다.

庚金篇

三春 庚金

차가운 기운이 아직 남아있으니 火를 즐겨 쓰고 土로 도와주고 물이 많음을 두려워하고 木왕절이니 金인 쇠로 다듬고 제련하면 성공하게 된다.<寒氣가 未盡하니 火를 愛用하고 土로서 滋養함을 기뻐한다. 水盛하고 生寒함을 두려워하고 木旺하니 金으로 扶身하고 火로서 製鍊하면 大成한다>.

<1> 寅月庚金

木旺하고 土死하니 生金함이 어렵다. 먼저 丙화로서 난금난토(暖金暖土-금도 토도 덥게)하고 甲으로 소토(疎土-갈아엎고)하면 生金하고 발신(發身-좋아진다)한다. 土多하고 甲見하면 生金하고 疎土하니 貴하다. 庚이 또 나와서 剋木하면 不利하다. 丁화로서 연금(鍊金-금을 제련하고)하고 유토생금(有土生金-土가 있어 土生金)하면 부귀(富貴)하다. 壬癸를 보면 허명허리(虛名虛利-허울 좋고 실속은 없다)하다. 지성화국(地成火局-지지에서 火局을 이루고)하고 임투(壬透-임수가 천간에 나타나면)하면 식신제살(食神制殺-식신이 편관을 눌러)하여 대귀(大貴)하다. 단 水가 유근(有根-뿌리를 내려야)해야 하고 무근(無根-뿌리내림이 없으면)하면 소부소귀(小富小貴)하다. 만일 水가 없으면 살왕(殺旺-칠살이 강해져)하여 잔질(殘疾-해롭게 하는 작은 병)이 많다.<木은 강해지고 자연히 土가 약해 金을 생하지 못하고 아직은 추우니 불인 火로 흙도 쇠도 따뜻하게 함이 좋고 이때 甲목으로 흙을 갈아엎으면 자연히 生金하게 되어 발전한다. 그래서 土가 많고 甲목을 보면 귀하다는 것이다. 庚금을 거듭 보면 불리하고 丁화로 제련하고 土가 있어 생금하면 부귀하고 壬癸수를 보면 이름도 이익도 없고 지지에 火局일 때는 壬수가 나타나도 좋다.

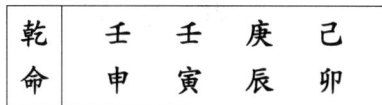

이 사주는 오행을 고르게 갖추고 대운이 초년부터 남방火운으로 30년간 흘러 오복을 다 갖춘 결과로 좋은 사주다. 특히 기의 흐름이 매우 좋다(土生金 金生水 水生木 으로)

<2> 卯月庚金

丁화와 甲목을 병용(竝用-함께 씀)한다. 弱金을 丁화로 연금(製鍊-불로 제련함)하면 큰 그릇으로 크게 성공(大器로 大成)한다. 丁이 없으면 丙으로도 가하나 힘을 써 노력해야만 부귀를 얻을 수 있다. 甲丁이 함께 나타나면(竝出)하면 大貴하고 乙木은 生木으로 丁화를 도리어 生하게 하니 보통사람(常人)이다.

坤命	戊寅	乙卯	庚申	乙酉
수	3	13	23	33	43	53	63
대운	甲寅	乙卯	丙辰	丁巳	戊午	己未	庚申

<상담사주입니다>

위 사주는 金木이 상전(相戰-서로 싸움)하는 사주이면서 女命이 庚申일주면 예사롭지 않다. 공부와는 인연 없는 사람이다. 본 명조를 살펴보자면 寅卯 木旺節에 태어나고 乙木이 월간에 透干되어 木星이 강하고 일시지에 申酉를 놓고 시간에 乙목이 合金하니 金의 기운도 하늘을 찌를듯하다. 더욱이 사주에 合 沖이 많고 귀문살 원진살 홍염살 까지 있어 강하나 여리어서 이성의 문제가 발생할 수 있다.

위에서의 명조해설을 참조하면 사주의 格이 나오게 되는

데 이 女命은 羊刃格에 한마디로 골통이다. 현재 乙卯대운이 므로 정신병 환자처럼 행동한다, 학교도 가기 싫고 나대는 형편이다. 이런 사주가 세운에서 나쁜 운을 만나면 불리해진 다. 상담 의뢰한 해의 운이 癸巳년이었다. 癸巳년운인데 사 고치고 몸상하고 수술하는 형국이다. 癸水는 상관이고 巳火 는 寅巳申 三刑을 만들고 巳申이 일지 배우자궁으로 合 刑 으로 들어오는 것으로 보아 사고치는 운세이다. 〈당시 16세 학생 애기에게 심한 말을 하는 것 같아 모친께는 사고 칠 운세라고만 했는데 사실 부정포태(不正胞胎)하는 운세이 다.〉

<3> 辰月庚金

土旺하니 매금(埋金-金이 土에 묻힘)으로 生金하기 어렵다. 甲 목을 써서 剋土하고 丁을 써서 연금(鍊金)하면 대발(大發-큰 발전)한다. 土旺하고 금완(金頑-금이 무디다)하니 丁火로 鍊金 함이 급하다. 甲이있어야 극토생화(剋土生火-木으로 木극土하 고 다시 木生火)하니 甲木이 없으면 득지(得志-뜻을 얻지)하기 어렵고 無火하면 비빈즉요명(非貧則夭命-가난하지 않으면 일찍 죽는다)이다. 유갑무정(有甲無丁)하면 상인(常人-보통사람)이고 유정무갑(有丁無甲)하면 우유(迂儒-세상물정모르는 선비)다. 갑 투병출자(甲透丙出者 갑병이 함께 나타남)는 살이 강(殺强)하니 무관(武官)으로 出世하고 지계화국(地皆土局-지지에 다 火局을 이루면)이고 木이 없으면(無木者)는 흙에 금이 묻히니(埋金) 가난하고 천하지 않으면 중 팔자(貧賤하고 僧道之命)이다.

1965년03월15일申시생				
乾命	乙巳	庚辰	庚子	甲申

수	4	14	24	34	44	54	64
대운	己卯	戊寅	丁丑	丙子	乙亥	甲戌	癸酉

　이 사주는 오행을 모두 다 갖추고 태어나고 申子辰水局을 이루었으니 식상이 발달된 사주에 생재로 이어져 부자의사 주요, 사업가의 팔자다. 물론 申子辰 水局을 했다고는 해도 辰월의 庚금이 申시를 만나서 신약하지 않아서 己丑土 印綬 년에 경매로 건물을 매입했고 壬辰년에 또 회사를 인수하려고 하는 것도 인성이 활발하니 회사 인수 운이라고 말해 주었다. 대운 상으로 보아 50대운까지는 승승장구할 운세이지만 甲戌대운에 한 번의 고비가 보인다. 실제 임상을 해보면 대운의 合沖은 그 영향이 지대하지는 않았는데 그래도 월주가 天沖地沖 이라면 변화가 분명히 있게 된다. 인수와 재성이 상충하는 것으로 보아 문서나 재물의 변화변동이 점쳐진다. 대체적으로 보면 재성과 합하는 사람들은 돈을 좋아하고 돈과 인연이 있는 팔자들이다.

三夏 庚金

火旺하니 戊土로서 설기(洩氣-빼냄)하고 壬水로 제화(制火-화를 누름)하고 中和시키면 萬金의 가치를 발휘한다. 中夏에 火氣가 태우(太遇-크게 만남)하니 金水를 겸용(兼用-함께 씀)해야 미명(美命-아름다운 사주)이다. 용광로가 기성(氣盛)하면 金이 다다익선(多多益善)이고 萬金도 녹여서 성기(成器-그릇을 만듬) 할 수 있기 때문이다.

<4> 巳月庚金

巳中丙火는 旺하지만 巳中戊土가 있고 또 庚金이 있으니 金을 녹일 수가 없다. 壬수로서 制火하고 戊土로서 호금(護金)하며 丙火로서 土生함을 기뻐한다. 壬수는 戊土를 윤토(潤土)하니 生金하고 丙火로서 生土하니 金은 더욱 生扶된다. 壬戊丙이 병투(幷透-함께 나타남)하면 大成하고 一派丙火로서 無壬하면 인의(仁義)가 없고 妻子가 無力하며 壬水를 보면 영화(榮華)를 누린다.

1956년4월14일巳시생				
乾命	丙申	癸巳	庚寅	壬午
수	5	15	25	35	45	55	65
대운	甲午	乙未	丙申	丁酉	戊戌	己亥	庚子

위 사주는 경우는 인성이 없는 팔자로 착한 면도 보이지 않으며 월지 偏官과 월상 상관을 놓아 성질이 더러운 사람(七殺太旺)財星이 寅午합으로 없어지는 형상이므로 돈도 처도 떠나고, 寅巳申 三刑殺 놓아 리어커 끌고 노점상 하는 팔자요, 잘못 하면 노숙자의 명조이다.

<5> 午月庚金

壬水를 專用하고 癸水를 부용(副用)한다. 壬수가 나타나고 癸수가 숨어있으며 지지에 庚辛金을 보면 大發한다. 戊己로서 制水함을 大忌한다. 지지에 火局을 이루고 無水하면 분파지명(奔波之命)이고 壬癸水가 制火하면 大貴하며 土로서 制水함을 忌한다. 無水有土하면 호금설화(護金洩火)하니 빈요(貧夭 -가난하고 일찍 죽움)는 면(免)한다.

坤命	庚申	壬午	庚申	戊寅

수	8	18	28	38	48	58	68
대운	辛巳	庚辰	己卯	戊寅	丁丑	丙子	乙亥

위 女命은 官星은 월에 얻었지만 월상의 식신이 누르고 있으니 투천(透天)할 기회가 없고 印比가 竝出하니 아강부쇠(我强夫衰)하다. 식신 壬水는 兩비가 生扶하고 있지만 時上에 편인이 있고 時支에 絶地가 되니 자손 기르기가 힘들고 행운역시 己卯 戊寅 丁丑까지 잇달아 子星이 심한 극해(極害)를 받고 있으니 어찌 온전할 수가 있겠는가? 더욱이 夫子宮인 日時支가 相沖하여 무력하니 해로하기가 어렵고 자손을 곁에 두고 살아가기 어려운 팔자라 하겠다. <남편은 戊寅대운 壬寅년에 死別하고 자손은 키우기 힘들어 외국으로 입양시켰다고 함>比肩이 重重하고 일주가 庚申이라 金多火息으로 남편의덕이 없는 팔자에 자손은 있으나 時柱 子孫宮이 相沖하고 있어 夫子의 덕이 없고 고독하게 살아가는 팔자이다. 사주는 음양의 조화가 우선이고 오행의 고른 분포가 제일인데 본명은 陽八通으로 陰陽이 不調和를 이루고 五行 역시 偏枯 되어 재혼까지 했으나 실패하였다.

<6> 未月庚金

三伏에 生寒하니 金이 도리어 玩純해진다. 丁火를 쓰고 甲목으로서 生火해야 鍊金이 되고 成器가 된다. 甲丁이 竝出하면 크게 영화롭고 癸水가 상정(傷丁-丁화를 상하게 함)함을 大忌한다. 有甲無丁이면 俗人이되고 有丁無甲이면 秀才다. 地多土하면 먼저 甲으로서 疎土한 연후에 丁화로서 鍊金한다. 甲透者는 문장으로 출세하고 丁透者는 刀筆로서 名振한다.

1932년06월15일사시생						
坤命	壬申	丁未	庚辰	辛巳		
수	4	14	24	34	44	54	64
대운	丙午	乙巳	甲辰	癸卯	壬寅	辛丑	庚子

<상담사주입니다>

사주구성자체가 단단하게 구성된 명조라는 것이 보인다. 庚金 일간이 4 : 4사주로 조화가 잘 이루어졌고 원석인 庚금은 丁화가 제련하여 壬수에 담금질하면 좋은 成器가 된다고 하였으니 여러 가지로 보아 중화가 잘 된 사주임은 틀림없다. 그렇기에 이 노인이 이렇게 건강한 것이었고 지금 그 많은 나이에도 컴퓨터 앞에 앉아 주식거래에 투자하고 계시다니 정말 깜짝 놀랐다. 그 것도 심심풀이가 아닌 거금이라니 말이다. 월별운세 까지 분석해 뽑아달라는 요청에 정말로 감동받았으며 언제쯤 죽을 것인가도 물어 오셔서 丁酉대운 丙午년인 96세를 잘 넘기시면 丙申대운 癸丑년 103세에 소천하실 거라고 말씀드렸습니다.

74 84 94 104　　丁酉대운 丙午년은 火氣衝天하면 금은 녹
己 戊 丁 丙　　는다. 丙申대운 癸丑년은 癸수 傷官운에
亥 戌 酉 申　　丑未沖을 보고 한 말이다.

三秋 庚金

金旺하니 丁火와 丙火를 취용(取用)하고 壬癸수를 싫어하며 土多함을 기(忌-꺼릴 기)한다. 萬金을 丁화로서 제련(製鍊)하면 大發하고 無火면 무용지물이 된다.

<7> 申月庚金

丁火를 專用하고 甲乙木을 기뻐한다. 甲丁이 양투(兩透)하면 청운의 꿈을 이루고 有丁無甲하면 준수(俊秀)한 수재(秀才)요, 有甲無丁하면 평인이며 甲丁이 全無하면 폐인이자 무용지물이다. 壬癸가 剋火함을 대기(大忌)한다.

1965년07월18일戌시생						
乾命	乙巳	甲申	庚子	丙戌		
수	2	12	22	32	42	52	62
대운	癸未	壬午	辛巳	庚辰	己卯	戊寅	丁丑

이 사주는 甲丙이 함께 나타나서 벽갑인화(劈甲引火-甲목을 쪼개어 불을 붙인다)로 庚金을 제련(製鍊-불로 금을 녹여 그릇을 만들면)하면 쓸모 있는 사람이 된다는 말이다. 여기서 중요한 것은 申子合水요 巳申合水라면 상관생재로 이어지므로 재계에서 큰 인물이라면 부자겠네요. 부모님이 동대문 시장에서 포목장사로 부자가 된 집 큰아들의 사주입니다. 현재도 부모님 대를 이어 장사를 하고 있습니다. 현재 戊寅대운인데 辛丑년에 코로나감염으로 2주 동안 격리치료 후 귀가 했습니다. 辛금은 상관이고 丑토는 丑戌 刑을 하네요. 신왕사주라 이겨낼 수 있었던 거지요.

<8> 酉月庚金

팔월(酉)은 金이 강한 계절인데 일간이 庚金이라면 양인이 되기에 병정화를 써서 양인을 눌러주어야 좋다는 이야기이며 너무 강하기에 丙丁화가 함께 나타남이 더 좋고 많은 수속 좋 부자가 되기는 어렵다는 말이다. <金이 太旺하니 丁甲을 쓰고 丙으로서 制刃함을 기뻐한다. 甲丁丙이 竝出하면 크게 功名을 떨친다. 丙화가 重重하고 丁화가 高透하면 대성하고 一丙이 나타나면 俊秀하나 富는 어렵다.>

1967년08월20일卯시생							
坤命	丁未		己酉		庚寅		己卯
수	5	15	25	35	45	55	65
대운	庚戌	辛亥	壬子	癸丑	甲寅	乙卯	丙辰

<상담사주입니다>

몸 태강한 사주네요, 5 : 3사주로 土金이 5개이고 1丁화가 뜨고 寅卯木 財星이 일시지에 놓여있네요, 丁화는 己未土에 설기된 丁화라서 꺼진 불입니다 강한 庚금을 녹일 수 없으니 쓸모없는 남자요 남편이죠, 사람은 착하게 생겼으나 식신이 없어 답답한 명입니다. 수가 원국에 있었더라면 식상생재로 돈복은 있다 하겠으나 재물인 木도 맥을 못 추는 형상이고 군겁쟁재(群劫爭財-무리지은 비견겁재가 재물을 도둑질해간다) 가능성이 보이는 사주지요. 이여인 첫 남편은 이혼하고 재가하여 남매를 낳았으나 식상인 자손의 별이 없어서인지 딸은 주정뱅이 이고 아들은 혼외 자를 낳아 할머니인 자기에게 맞기고 방황하다가 辛丑년에 목매 죽었답니다. 이여인에게는 辛金겁재와 丑土인수가 들어와 아주 불길한 운이죠,

<9> 戌月庚金

戌월은 土가 강한 달이니 甲목으로 파헤쳐야 흙에 묻히지 않아 좋다는 말이고 물로 金을 씻어내고 흙은 멀리해야 한다는 말이다. <土旺埋金하니 甲木으로 疎土하고 壬으로 洗土 하며 己土를 大忌한다. 壬甲이 兩透하면 大發하고 土金이 많고 無壬甲하면 愚玩하다. 甲透壬藏하면 鄕里의 頭領이요. 壬透甲藏하면 衣食은 족하고 매사가 능하며 有甲無壬하면 학문을 즐긴다.>

1972년09월20일오시생						
乾命	壬子	庚戌	庚寅	壬午			
수	4	14	24	34	44	54	64
대운	辛亥	壬子	癸丑	甲寅	乙卯	丙辰	丁巳

 이 사주는 戌월의 庚금이 寅午戌 火局을 이면서 水의 기운이 강하여 잘 제련된 용기가 물에 담금질까지 된 형상이라서 강하고 잘 만들어진 그릇이니 팔자구성이 매우 좋습니다. 강성으로 봐야겠네요, 조강지처와 해로하기는 어렵겠고 관운으로 살아가는 팔자이니 좋은 직장에서 직장인으로 잘 살아가는 팔자이다. 본명의 주인공은 첫 여자와 이혼하고 띠 동갑 연하의 여성과 재혼 하여 딸을 낳고 잘 살아가며 직장인으로 살아가는 사람이다. 이와 같이 사주팔자가 고르게 분포되고 국을 이루며 조화로우면 삶이 순탄하다.

三冬 庚金

차가운 기운의 계절이어서 丙丁으로 庚금을 따뜻하게 하고 연금하며 甲木으로 生火하면 기쁘다.<寒冷하고 寒金하니 丙화로서 暖金하고 丁화로 製鍊하며 甲으로 生火한다. 金水가 混雜하고 火가 없으면 常人이요, 金多하고 無火하면 僧道之命이다>.

<10> 亥月庚金

丁火로 난금(暖金)하고 甲木으로 生火하며 丙으로 건목난금(乾木 暖金)한다. 甲丁이 양투(兩透-둘이 나타나고)하고 지장병화(地藏丙火-지지에 丙화가 암장)하면 大成하고 지견해자(地見亥子-지지에 해자를 만나고)하고 토수제수(土透制水-토가 나타나서 물을 억제)하면 명공(功名)을 이룬다. 병투정무(丙透無丁-병은 나타났는데 정이 없다면)하면 결코 현달(顯達)하기 어렵고 갑투정장(甲透丁藏-갑은 나타나고 丁이 암장)하면 무관지명(武官之命-무관의 사주)이며 金局을 이루고 無火하면 무용지물로 승도지명(僧道之命-중 팔자)이다.

坤命	癸未	癸亥	庚子	丙子		
수	01	11	21	31	41	51	61
대운	甲子	乙丑	丙寅	丁卯	戊辰	己巳	庚午

<상담사주입니다>

庚금이 지지에 亥子水가 있고 년 월간에 癸水가 투간 되어 차가운 사주인데 時干 丙화가 있어도 죽은 불이라 역할이 안 된다. 그러나 火가 용신이다. 식상이 강하면 첫째 남편의 덕이 적고 정이 많아 지조가 없다는 말을 들을 수 있다. 이 사주는 음기가 하늘을 찌를듯하니 양기가 우선인 팔자로 火土木은 吉하고 金水는 흉하다 로 보아야 한다.

사주에서는 宮도 좋아야 하지만 星이 有力해야 좋은데 본명은 배우자궁이 不美하여 배우자 덕이 적어 보인다. <이 여인은 남편이 바람피우고 다른 여자와 동거하는 등속을 많이 썩고 있으며 힘겨운 일을 하며 월세 방을 전전 한다니 팔자는 못 속이는가 보다.>자손 낳고 더 힘들어지는 형상이라 자손 많이 낳으면 안 좋다고 조언해야 한다.

<11> 子月庚金

丁甲을 취용(取用-취해 쓰고)하고 丙火를 겸용(兼用)한다. 유정무갑(有丁無甲-정은 있고 갑이 없으면)하면 부중에 귀를(富中에 貴) 얻고 유갑무정(有甲無丁-갑은 있고 정이 없음)하면 보통(常人)사람이며 유갑정장(有甲하고 丁藏)하면 무과(武科)로 出世한다. 丙火가 중중(重重-또 있고)하고 인목이 많으면 부는 진하고 귀는 허(寅多하면 富는 眞하고 貴는 虛)하다.

乾命	壬子	壬子	庚辰	壬午
수	5	15	25	35	45	55	65
대운	癸丑	甲寅	乙卯	丙辰	丁巳	戊午	己未

食神 壬子水가 年月柱에 得令하고 日支에 辰土가 子辰 合水하고 시간에 壬水까지 나타나니 午火가 있다 해도 무력하여 종아격(從兒格)으로 변(化)한 사주이다. 사실상 辰土는 이 사주에서 병인데 合去시켰고 午火 역시 해로운 물질이지만 두 子水가 子午 沖去시켜 탁한 命을 맑게 하였으니 이를 일컬어 탁명화청(濁命化淸-탁한 사주가 변하여 맑은 사주)이라 말한다. 종아격은 호식호재(從我格은 好食好財)로 보아 부자의 命이지만 기관기인(忌官忌印-官星과 印綬를 꺼린다)하니 甲寅 乙卯대운은 발신 발복(發身 發福)하지만 丙辰대운 부터는 파란

만장 만사파멸로 보아야 마땅하며 사주는 格局도 중요하지만 음양의 조화를 더 중요시하기 때문에 南方火土운도 좋아질 것이다.

　사주는 본시 음양오행의 조화로 길흉을 만드는 것이지 格局이 사주의 길흉을 좌지우지 하는 것은 아니다. 종격으로 보았을 때 丙辰대운부터 내리막길을 걸어간다고 보아야 하는데 역으로 발신득명(發身 得名)하였고 최기(最忌-가장 꺼리는)의 戊午운은 명진사해(名振四海-널리 이름을 떨침)로 이름을 드날렸다니 사주를 음양의 눈으로 살펴 음성양쇠(陰盛 陽衰-음은 성하고 양은 쇠약)하므로 東南운에 해동회춘(解凍回春-봄을 만나 얼음이 풀리고)하고 개화결실(開花結實-꽃이 피고 열매를 맺음)하는데 반하여 서북로(西北路)에서는 생기를 잃고 만사 의휴 귀거래(萬事矣休로 歸去來) 하게 된다.

<12> 丑月庚金

차가운 기운이 극성하고 습기 또한 많으니 丙화로 따뜻하게 하고 丙丁화로 金을 녹이면 기쁘다.<寒氣가 심하고 濕多하니 먼저 丙화로서 制寒하고 甲丁으로 鍊金한다. 有丙無丁甲者는 富中에 貴를 얻고 有丁甲하고 無丙하면 秀才로서 大成하며 丙이 있고 甲이 없으면 自手成家하고 刀筆에 亨通하며 支成金局하고 無火하면 僧道之命이다.>

乾命	甲子	丁丑	庚寅	己卯			
수	10	20	30	40	50	60	70
대운	戊寅	己卯	庚辰	辛巳	壬午	癸未	甲申

　丑月 庚金이니 冬生인데 木火土의 기운이 강한 명조(命造)라서 군자의 기질이 강한 훌륭한 인재로 빛을 내며 살아가게 된다. 약간 身虛하지만 시간 己土가 돕고 있어 己土의 역

할이 매우 중요 하다. 大運 또한 天干은 戊己庚辛으로 지지는 木火로 흘러 生扶와 조후를 잘 이루게 되어 금상첨화다.

　木火는 성하고 金은 노쇠하여 용광로는 거대 하고 불길은 沖天하는데 주철(鑄鐵)은 작으니 규모는 크고 실물은 빈약한 형상이다. 金이 뿌리가 없어 虛한 金이라는 말이다. 다행이도 己土가 시간에서 도와주어 큰 역할을 한다. 庚辰 辛 대운까지 화강금다(火强金多)하니 재능을 마음껏 발휘하고 이름을 크게 떨치었으나 巳운에 접어들면서 화중신경(火重身輕) 하니 중과부적으로 요직에서 물러난다. 辛亥년부터 亥子丑년으로 금침화쇠(金沈火衰)하니 만사가 침체 되고 무력하다. 다시 壬午 대운으로 들어서면서 壬水가 喜丁을 合去하고 喜忌土를 유산(類散)시켜 불리할 것 같지만 甲木이있어 食神生財하고 財生官하니 오행이 주류(周流-멋지게 흘러)하여 무난(無難)하다. 신약하면 운의 적용을 잘 받아 운에 끌려 다니지만 신강하면 흉운도 무난하게 잘 넘길 수 있다는 것이다.

辛 金 篇

三春 辛金

봄철의 금은 허하고 왕하지 않으니 土로서 생금하고 壬수로 닦아냄을 기뻐하고 丙화로 따뜻하게 하며 庚금으로 왕성한 木을 다듬으면 이름을 드날릴 수 있다.<不旺金虛하니 土로서 生金하고 壬수로서 加工함을 기뻐하며 丙화로서 生土暖金하고 庚으로서 制木하면 功名을 이룩한다.>

<1> 寅月辛金

丙화가 제한(制寒-차가움을 억제)하고 甲목이 木이 왕성한 계절이라 신금이 약하니(得旺하여 辛氣가 太弱) 己土로서 생부(生扶)하고 壬수로서 가공(加工-닦아냄)하면 보금(寶金-보석 같은 연장)으로 대발한다. 지지에 庚(暗藏 庚금을 말한다)이 있어 제목(制甲-나무를 다듬으며)하고 己土가 양투(兩透)하면 공명(功名)이 크다. 壬은 있고 己土는 없으며 재성은 왕성하고 일주는 가볍고 상관이 생재하니 엎친데 겹친 격으로 가난 하지 않으면 일찍 죽는다. 지지는 화국을 이루고 壬수가 나타나도 토가 없으면 보통사람이고 庚壬이 함께 나타나서 불기를 억제하면 크게 발전한다.<有壬하고 無己하면 財旺하고 身輕한데 傷官生財하니 貧夭한다. 地成火局하고 壬이 透해도 無土하면 常人이고 庚壬이 竝出하여 制火하면 顯達한다.>

乾命	壬寅	壬寅	辛卯	壬辰
수	4	14	24	34	44	54	64
대운	癸卯	甲辰	乙巳	丙午	丁未	戊申	己酉

위 사주는 기명종재(棄命從財格)으로 봐야한다. 印綬인 辰토

가 시지에 놓여있지만 寅卯辰 木方局을 이루고 水木인 상관과 재성으로만 구성 되어 무력하니 재를 좇아간다하여 종재격 또는 기명종재 라고 하는 특별격이 된다. 이런 경우 印比운에 재앙이 따른다고 한다. 본명은 초년은 동방木운이고 청년기부터 남방火운이라서 좋았지만 중년 이후 서방金운이어서 재앙이 따른다고 보아야 한다. 특히 戊申대운은 신상에 대 변화가 예상 된다.

<2> 卯月辛金

壬수를 전용(專用-오르지 쓰고)하고 戊己토를 대기(大忌-크게 꺼린다)한다. 戊己토가 나타나면 甲목으로서 제토(制土-토를 억제)하면 명리 쌍전(名利 雙全-이름과 이로움이 함께 쌍으로)하고 乙목으로 제토하면 허명허리(制土하면 虛名虛利-토를 누르면 이름도 헛되고 이로움도 없다) 하다. 木은 왕 한데 己土와 물이 허한 상태(木旺한데 己土虛水함은)인데 어찌된 까닭인가? 寅의 甲은 巨木이니 辛이 두려워하나 卯의 乙목은 화초이니 전혀 두려워하지 않을 뿐더러 도리어 전지(剪枝)하여 명화(名花)로 가꾸니 큰 재목(大材) 얻는다. 화초를 전지 하려면 壬수로서 가공하여 명도(名刀-좋은 칼)가 되어야 한다. 庚은 丁화로서 보도(寶刀-보배스런 칼)가 되지만 辛금은 壬수로서 名刀가 된다. 庚은 생용(生鑛-쇠를 녹여 종을 만듬)이니 용광로인 丁화야만 연금(鍊金-금을 불릴 수 있고)되고 辛은 한번 불에 넣어 그릇으로 가공된 金이니 壬수로 닦고 갈면 빛이 난다. 이는 마치 쇳덩어리를 대장간의 화로에 넣어 서 도끼나 칼을 만들어 낸 것과 같아 그 만들어진 칼이나 도끼를 물과 숫돌로서 갈고 또 빛을 내고 날을 세우는 것과 똑 같다. 그러나 壬수가 많으면 설기가 심하니 도리어 무력해서 작사(作事-일을 만들기가)하기가 힘들고 의식을 갖출 따름이다.

乾命	癸丑	乙卯	辛酉	戊戌
수	7	17	27	37	47	57	67
대운	甲寅	癸丑	壬子	辛亥	庚戌	己酉	戊申

乙卯月의 辛酉일주로 天剋地沖으로 안 좋아 보이지만 자세히 들여다보면 조화를 잘 이룬 사주이다. 癸水의 역할이 돋보이고 戊出 土의 역할 역시 좋다. 다만 火가 없는 것이 단점이기도 하지만 운세의 흐름 역시 北方水운이라 무난할 것이다.

위 사주는 관(官)이 없는 사주라서 직장생활은 어려운 사주입니다. 공부에도 별 관심이 없습니다. 오행을 다 갖추지는 못했어도 구성이 좋아 살아가면서 좋은 일 많겠습니다
.

<3> 辰月辛金

인수가 강한 辰월의 辛금이라서 甲목으로 소토(疎土)하고 壬수로 씻어내면 富貴가 쌍으로 온다 했다. <母旺子相하니 壬甲을 取用한다. 壬수로서 가공하고 甲으로서 制土하니 부귀가 雙全하다. 丙과 貪合하면 흉하고 多丙爭合하면 풍류를 즐기고 四海와 交遊하면 慷慨心이 많다. 癸수로서 制火하면 淸貧하다.>

1969년02월30일午시생			
坤命	己酉	戊辰	辛酉	甲午
수	7	17	27	37	47	57	67
대운	己巳	庚午	辛未	壬申	癸酉	甲戌	乙亥

위 사주는 인수도 왕성하고 일주도 강하고 甲목이 시간에 나타나서 소토하며 辰中癸水가 辛금을 씻어내니 조화가 잘

이루어진 팔자이다. 본명의 주인공은 고교 교사로 재직 중이고 부자 집 둘째 며느리로 다복하게 살아간다.

三夏 辛金

여름은 불이 강한 계절이라 壬水가 우선이고 다음이 火이며 지지에 화가 왕할 경우 수가 천간에 나타나면 귀하지만 물인 수는 없고 불만 왕성하면 항상 바쁘기만 하고 소득도 적고 빈곤하게 산다. <火旺金衰하니 壬水로 制火하고 가공하면 功名을 이룬다. 지지에 火局이 있고 有水制火하면 귀하지만 無水하면 흉하고 평생 분주빈곤(奔走貧困)하다.>

<4> 巳月辛金

丙火를 싫어하고 壬水를 기뻐하며 壬이 없으면 癸를 代用한다. 地成金局하고 水透한데 木이 竝出하여 制土하면 大功을 이루고 癸透壬藏하면 富大貴小하다. 壬癸가 全無하고 火透하면 고독하고 地成火局한데 無水면 四面楚歌다.

1972년04월18일申시생						
坤命	壬子	乙巳	辛酉	丙申		
수	8	18	28	38	48	58	68
대운	甲辰	癸卯	壬寅	辛丑	庚子	己亥	戊戌

巳月生의 辛酉金일주가 다시 時干에 丙火가 투출 되어 官星이 강합니다. 丙辛 合하고 巳酉 合한 命造입니다. 일단 官合이 두 개나 되었네요, 음란한사주로 두 번 결혼해야 하는 팔자입니다. 사주원국에도 合 沖이 많은데 대운 역시 刑 沖이 많이 걸리니 여자팔자로는 사나운 팔자입니다.

이 사주는 합 충 형이 많이 걸린 사주로군요, (丙壬 충,

乙辛 충, 丙辛 합, 巳酉 합, 巳申 합, 형, 申子 합,)그것 뿐인 가요? 暗合이 또 있습니다.(巳中丙火는 일간 辛金, 또 일지 酉中 辛금과 丙辛暗合) 明合 暗合이 이렇게 혼합된 팔자는 어떨까, 더욱 기이한 것은 辛금이 정관 남자 즉 남편의 별과 明合 暗合이 이루어진 경우는요? 한마디로 음탕한(색스를 밝히는) 팔자입니다. 합은 유정(有情)으로 보아 정조관념이 없는 사람입니다. 결단력 과감성이 없다고 보면 됩니다. 정에 끌려 다니는 사람이죠. 이사람 지금 정에 끌려 다니고 있습니다.

　현재 남편의 사주는 己酉 辛未 戊申 戊午로 이 사주는요, **비겁이 중중한 사주다.** 고집이 대단하겠는데요, 식상이 많아서 제멋대로 사는 사람이구요, 財星은 없지만 食傷이 生財하는 사주라서 여자는 끝이지 않고 들어옵니다. 그러나 비견 戊土가 시간에 나타나서 財星(여자)을 빼앗고 뺏기는 구조입니다. 조강지처와는 해로 못하는 사주입니다.

<5> 午月辛金

午월은 폭염으로 뜨거우니 壬水로 불기운을 눌러주고 己土로 설기시켜야 한다는 말이다<丁화가 太旺하고 金이 病地에 있으니 壬水와 己토를 兼用한다. 己토는 溫土이니 制燥하고 壬은 制火潤土하니 能히 財官을 감당할 수 있다. 地成火局하면 壬수로는 制火하나 癸수는 거듭 있어도 制火가 어렵다. 癸수가 무력한데 戊土가 合去하면 僧道之命이다. 만일 비겁이 하나 둘 있으면 고독하지는 않다. 病地이니 壬癸己를 모두 愛用한다.>

坤命	乙 巳	壬 午	辛 亥	戊 戌			
수	7	17	27	37	47	57	67
대운	癸未	甲申	乙酉	丙戌	丁亥	戊子	己丑

午月의 辛金이라도 월간에 壬水가 나타나고 일지에 亥水 상관까지 놓아 조화는 잘 이루어졌지만 傷官見官한 命造라서 남편의덕은 적고 또 기술자로 기능직이 좋다.<이 여인은 이혼하고 독신으로 남매를 키우면서 봉제공장 미싱 기능공으로 열심히 살고 있다.> 운세의 흐름으로 봐서 서방金운은 열심히 일했지만 소득은 적고 몸은 고달프다, 북방水운은 운이 좋아 무난하게 살아가게 된다.

<6> 未月辛金

未月은 土의달이지만 뜨거운 봄 먹은 땅인지라 뜨거움으로 壬水로 열을 식히고 庚금으로 열기를 빼내면 크게 발전한다 戊土가 나란히 나타나면 봉길하니 甲목이 있어 흙을 갈아엎어야 좋고 이때 己土가 있어 합을 하게 된다면 이음도 이익도 없게 된다. 辛금은 봄보다는 壬水로 가공함을 기뻐한다는 말이다. <土旺燥熱하니 壬水로서 制燥하고 庚으로 洩土하면 大發한다. 戊土가 竝出함을 大忌하고 甲으로 制土함을 기뻐한다. 그러나 己土와 貪合하면 虛名虛利다. 土多하여 甲을 쓰면 庚을 싫어한다. 壬水가 나타나고 土濕하면 庚을 쓰고 甲을 쓰지 않으며 無庚有甲하면 平人之命이다. 왜냐? 하면 辛금은 壬수로서 가공함을 영광으로 삼는데 甲목을 쓰면 土多金沒을 막을 수 있을 뿐 가공하기는 어렵기 때문이다.>

乾命	丙寅	乙未	辛未	庚寅			
수	4	14	24	34	44	54	64
대운	丙申	丁酉	戊戌	己亥	庚子	辛丑	壬寅

사주팔자가 4 : 4 사주로 균형을 이룬 사주로군요, 음양의 조화도 잘 이루어졌고요, 다만 아쉬운 것은 물인 水가 한 방울도 없다는 것입니다. 그것도 뜨거운 여름삼복더위에 태어

났음에도 물이 없다면 생물이 살아가기 어렵거든요, 사주팔자에 물이 없으면 살아가면서 만나는 운에서라도 물 운을 만나면 잘 살아갈 수 있는데 다행입니다. 지금까지 살아온 30년간은 물의 수원지인 金운이었고 34세 대운부터 앞으로 살아갈 30년간은 물 운을 만나서 좋습니다. 이렇게 운에서라도 만나면 삶이 윤택해지지만 만약 물 운을 못 만난다면 삶이 고달프게 살게 되거든요, 사주구성과 운이 조화를 잘 이룬 사주지요, 사람의 사주를 볼 때에는 품성도 보지만 재관(財官)을 제일 먼저 보게 된답니다. 재(財)는 재물재자이니까 돈을 말하고 관(官)은 벼슬관자이니 직업성을 보는 것인데 재관이 투철해서 좋고 재물은 많이 타고 났으나 무리수를 두면 오히려 손해를 보는 형상이니 항상 정도로 살아가야만 한답니다. 과욕은 오히려 손해가 될 수 있고요, 관운 역시 좋아 선비로 직장생활이 좋다고 했습니다. 또 한 가지 중요한 것이 있지요, 남자는 처덕이 있어야 하는데 처덕은 있는데 잘못하면 도망가고 고독하게 살 수도 있는 팔자네요, 그 이유를 자세하게 말하자면 이 사주에서는 여자는 오행으로 木이라는 나무가 여자의 별인데 木이 세 개나 되어 좋고 힘 있는 여자이긴 한데 본인사주에 물이 한 방울도 없으니 나무가 먹고 자랄 물이 없어 주위 환경이 나빠서 말라 죽을 수도 있지 않겠어요, 그래서 살려고 도망가는 것이 인간사에서는 이혼이랍니다. 그러면 어떻게 하나요, 첫째는 배려와 사랑입니다. 귀하는 누구보다도 여자인 아내에게 사랑을 남보다 배로 해야 한다는 말입니다. 물이 이 사주에서는 행동이고 배려의 별인데 사람은 좋은데 단점을 찾아내자면 내 위주로 살고 상대를 배려하는 마음이 적은 것이 흠인 사주이거든요, 그러나 운에서 물 운이 오면 배려하는 마음이 발생 하게 된답니다. 이것이 사주를 구성하는 요소인 오행의 조화랍니다. 사주를 자세히 보고 잘 분석하면 재미있고 신기하기만 하답니다. 여기서 사주의 특징을 찾아보면 財庫인 未土를 둘이나 놓고 있어 문제가 됩니다. 財庫는 돈 창고라서 부자도 되지만 財를 여자로 보는 남자사주에서는 庫가 아니라 墓로 보거든요, 그래서 처복이 적을 수 있답니다.

三秋 辛金

金旺해도 辛금이라 물로 씻어야맣하고 生金을 두려워않은 흙속에 묻힐까 염려핧이고 혹 土가 있을까 하여 木으로 土을 억제해야 하며 또 물이 많으면 制水하면서 生金해야하기에 戊土도 좋다.<金旺하니 壬수로서 洩氣하고 土生金을 두려워 하니 木으로 制土함이 아쉽다. 그러나 水多하여 金이 困하면 도리어 戊土로서 制水生金함을 기뻐한다.>

<7> 申月辛金

申中에 壬수와 戊土가 있으니 土는 더 쓰지 않는다. 金旺한데 土가 있고 木이 없으면 病은 있고 藥이 없으니 常人이다. 만일 甲이 있다면 평생 의식걱정은 없다. 사주에 金多하면 水로서 洩氣하는 것이 기쁘고 金水만 있어서 水多하고 金이 虛하면 戊土로서 制水救金함이 급하다. 干支에 水多하면 戊土가 거듭 있어야 壽福이 振振하고 壬수는 기뻐하나 癸水는 쓸모가 없다.

坤命	丙寅	丙申	辛亥	甲午			
수대운	9 乙未	19 甲午	29 癸巳	39 壬辰	49 辛卯	59 庚寅	69 己丑

이 사주는 申월의 辛금이라서 木火가 나쁘지 않다. 또 상

관 亥수가 核이다. 丙午火를 제압하고 辛금을 씻어내어 빛을 보게 한다. 木火의 기운이 강하나 火는 불리하지만 木운은 상관생재로 무난하다.

<8> 酉月辛金

辛이 極旺하니 壬수로서 洩氣함을 위주로 한다. 土를 만나면 忌하니 木으로 制土함이 중요하고 戊土가 없다면 甲목은 무용지물이다. 壬수가 하나이고 甲목이 많으면 용신이 무력하니 간사하다. 庚으로서 制甲하면 도리어 仁義롭고 비겁이 거듭 있고 壬수에 의지하는데 戊己토를 보면 도리어 埋金되어 어리석다. 이 때 甲목을 보면 창업할 수 있는 능력가다. 一派辛금인데 壬수가 하나있고 庚이 없으면 부귀하고 一派壬수인데 戊토가 없으면 평생분주다사하고 貧苦하다. 지지에 戊토가 있어서 止水하면 재치가 있고 예술인으로서 命振四海한다. 地成金局하고 비견이 있으며 無壬하면 丁으로서 制火함을 기뻐한다. 무정하면 흉폭하고 무뢰하다. 이때에 壬수가 나타나면 治國平天下의 大人으로 서늘도록 名振한다. 辛금이 하나 둘 있고 一派己토하면 僧道之命이고 土重하고 無木하면 가난하기 짝이 없다.

乾命	辛 酉	丁 酉	辛 丑	甲 午			
수	02	12	22	32	42	52	62
대운	丙申	乙未	甲午	癸巳	壬辰	辛卯	庚寅

金旺節인 酉月의 辛금이 丑일을 만나서 酉丑合 金이 되어 결과적으로 5金에 3木火로 火와 金이 相戰하는 형국이 되었다. 식상인 水가 있어 通氣시키면 錦上添花가 되련만 아쉽기

짝이 없다. 財殺이 竝出하고 殺을 制化할 水가 없으니 성정이 불같고 한번 분노하면 참기 어려운 성미이다.

　中秋의 辛金이 滿山인데 재능을 발휘할 食傷이 없으니 역 발산의 힘을 가지고 있으면서도 無用之物이 되었다. 時上 正財에 의지하려하나 月上 七殺이 火殺하니 有名無實하다.<金旺하여 財를 쓸 사주인데 甲木이 丁火를 木生火하여 殺이 강해짐 午火까지 뿌리내려 火도 만만치 않음> 자연에 비유하자면 辛金은 과실이요, 丁화는 꽃이며 甲목은 생기인데 성숙한 과일이 다시 싹이 움트고 꽃이 피는 형국으로 애써 농사지어 추수한 오곡이 무용지물이 된 꼴이다. 힘이 장사이니 무엇이든 하려들지만 하는 일마다 도로 아미타불로 10년 공부가 헛수고 중도좌절이니 성사되기가 어렵다.<이 모든 현상이 水가 없는데서 발생하는 것이다>

<9> 戌月辛金

戌월은 土가 강한 계절이어서 甲목이 필요하고 辛금을 뽑로 제련함은 꺼리므로 壬수로 씻어냄이 유리하다.<土旺하니 甲木으로 疎土하고 壬으로 金을 洩氣함이 급하다. 壬甲이 兩透하면 錦上添花로서 名振하고 壬透甲藏한데 支中庚금이 剋木한다면 平人이다. 木多土厚하고 無水하면 木이 無力하니 常人이고 土重火多하면 不秀하고 不清한 下賤人이다.>

乾命	乙亥	丙戌	辛巳	壬辰			
수	3	13	23	33	43	53	63
대운	乙酉	甲申	癸未	壬午	辛巳	庚辰	己卯

　이 사주는 오행을 모두 고르게 갖추고 태어나고 운의 흐름 역시 좋아 어려움 없이 살아가는 팔자이다. 亥中甲木이

년간 乙木으로 나타나 소토(疎土)하고 시간에 壬水가 나타서 씻어주니 금상첨화다. 상관이 유력하고 길신작용을 하므로 탁월한 재주나 기술로 살아갈 팔자이다.

三 冬 辛金
<10> 亥月辛金

차가운 기운이 점점 늘어가니 壬水와 丙火를 함께 쓴다. 壬丙 두개가 천간에 나타나면 만사형통이요.

<寒氣가 늘어가니 壬水와 丙火를 兼用한다. 壬丙이 兩透하면 萬事亨通이다. 丙秀壬藏하면 小貴하고 丙藏壬透하면 萬金의 富를 이루며 丙壬이 地藏하면 총명하다. 壬多하고 戊가 없으면 金水가 汪洋하고 寒冷하니 貧賤하고 戊多壬小하면 이름을 떨치며 戊와 壬이 成湖하면 크게 저축한다. 甲多하고 戊少하면 예술로서 成財하고 己多하고 有戊하면 壬水가 고단하고 金이 埋金되니 성실할 뿐 勞多功無하다. 壬癸가 많고 丙戊가 없어도 寒冷하여 辛苦가 많다.>

1949년09월27일戌시생				
乾命	己丑	乙亥	辛亥	戊戌
수	3	13	23	33	43	53	63
대운		甲戌	癸酉	壬申	辛未	庚午	己巳	戊辰

한기가 깊어가고 음습한 기운이 많아 조후가 우선인 사주이다. 水왕절인 亥월의 辛金으로 戊戌시를 만나고 일지에 다시 亥를수 놓아 인수와 상관이 동시에 왕성하다. 타주에 己丑토와 월상에 乙木 재성을 놓았지만 4土로 인수가 태과하니 토다금매(土多金埋)요, 亥亥丑으로 상관성이 강하며 비록 乙木이 월상에 나타났지만 유약(柔弱)하여 소토(疎土)할 재목

이 못 되는 등 편고(偏枯)되고 조화롭지 못하여 하격(下格)사주로 변했다. 그러나 상관생재로 이어져 의식은 걱정 없는 팔자다. 건강문제가 나이 들면 발생한다. 巳亥沖 辰戌沖으로 대운이 沖 받는 시기에 신상에 큰 변화가 발생한다. 특히 건강 조심해야 한다.

<11> 子月辛金

물은 차갑고 金은 얼어붙는 시기이니 차가움을 억제하고 따뜻한 壬수로 하여금 물이 흘러가 생기를 얻도록 한다.<水寒凍金하니 丙火로써 制寒하고 壬으로서 流水生氣한다.>戊土가 물을 막아 그치게 함을 싫어하고 癸수가 丙화를 억제함을 두려워한다,<戊土가 止水함을 싫어하고 癸水가 制丙함을 두려워한다.> 壬수가 지장간에 있고 丙화가 천간에 나타나면 이름도 날리고 출세도 한다. 그러나 壬수가 많고 丙화가 없으면 차가운 선비요, 만약에 壬수가 많으면 戊토로서 물을 막아 호수를 만들면 좋다, <壬藏丙透하면 名振出世하고 壬多無丙하면 寒儒 壬多하면 도리어 戊土로서 制水成湖함을 기뻐한다.>
壬수는 많고 丙화는 없는데 甲乙목이 많이 나타나면 차가운 기운이 가득하니 가난과 천함이 있고 지지에 水삼합국을 이루고 癸수가 천간에 나타고 戊토가 천간에 거듭 와서 戊癸합化火로 물을 제지 하면 부귀 한다.<壬多하고 無丙한데 甲乙이 重重하면 寒氣가 가득하니 貧賤하고 地成水局하고 癸透한데 戊토가 거듭 나와서 合癸制水하면 富貴한다.>

坤命	壬寅	壬子	辛巳	壬辰		
수	1	11	21	31	41	51	61
대운	辛亥	庚戌	己酉	戊申	丁未	丙午	乙巳

<상담사주이다>

위 사주는 子月辛金이천간에 三壬수가 나타나서 水의기운이 태왕하다. 다행인 것은 壬수가 많은 물을 빼고 巳화가 차가움을 덥혀주어 나름대로 조화는 이룬 사주이다. 그러므로 辛금의 역할은 잘 될 수 있다는 말이다. 그러나 사주구성상으로 보아 상관성이 강하므로 영리하고 총명하여 이재(理財)에는 밝아 재물걱정은 없지만 여자로서 남편 덕이 적어 일부종사가 어렵고 그렇다고 수절하고 살아가기는 힘겨운 사주이며 숨겨놓은 남자가 있거나 꾸준히 남자를 탐하는 팔자이다.<巳中丙화와 暗合하고 있어 하는 말이고 봄이 남자의 별인데 차가운 사주여서 봄을 그리워하기에 남자가 꼬이고 스스로 원하게 됨> 운의 흐름을 살펴보니 31戊申대운에 巳申이 刑을 하는 것으로 보아 부부 생리사별(生離死別)의 기운이 보이며 그 후의 운기는 남방火운이어서 남자도 꼬이고 일도 잘 되어 어려움 없이 잘 살아왔을 것이다.<35세에 남편이 병으로 죽고 장사로 자수성가하여 잘 살아간단다.> 그런데 남자친구가 너무 집착이 강하다며 헤어져야 하나 고민중이라기에 남자 사주를 기록해 보니 甲辰 丙寅 丁亥일주의 팔자여서 궁합 적으로는 나쁘지는 않지만 오래 가지는 못할 것 같다면서 壬寅년에 서로 갈라 설 기마가 보인다고 조언해 주었다<壬寅년이 되면 여성분은 傷官운에 배우자궁 배우자별이 寅巳刑을 하여 한 말이고 남자는 丁壬合 寅亥合으로 다른 여자 만나 떠나가는 형상이다> 이여성은 성정으로 보아 상관성이 강해 간섭하거나 제압하는 것을 무척 싫어하는데 반해 위남자는 자기 것을 챙기는 성정이라 간섭이 심할 것이다.

<12> 丑月辛金

차가운 기운이 극심하고 습기가 많으니 우선 丙화로 차가움을 막고 甲丁의 힘을 빌려 금을 녹여 다듬는다.<寒氣가 심하고 濕多하니 먼저 丙화로서 制寒하고 甲丁으로 鍊金한다. 有丙無丁甲者는 富中에 貴를 얻고 有丁甲하고 無丙하면 秀才로서 大成하며 丙이 있고 甲이 없으면 自手成家하고 刀筆에 亨通하며 支成金局하고 無火하면 僧道之命이다.>

坤命	癸丑	乙丑	辛未	戊戌
수	2　12　22	32　42	52　62	
대운	丙寅　丁卯　戊辰	己巳　庚午	辛未　壬申	

辛金일주가 흙에 파묻힌(土多金埋)경우로 일주지병 되어 神을 받고 무속인으로 살아가는 민이라는 여인의 사주이다. 丑戌未 三刑을 하고 약인 乙木이 있어도 無力하여 약신 역할이 안 된다. 印綬가 지나치게 많아(過多)서 병이 된 경우인데 東方木운은 약신의 운이라 나름대로 역할을 할 것이나 南方火운은 불리할 것이다. 건강관리 잘 하며 살아야 한다.

(1) 육신지병(六神之病): 육신지병은 일주에 관계없이 四柱格局 用神法에 의하여 선정된 용신을 극하는 즉 병이되는 것을 말하는데 金용신에는 火가 용신지병이요. 火用神에는 水요. 土용신에는 木이되고 木용신에는 金이되며 그 병을 제거하는 神을 약신(藥神)이라고 하여 그 신이 있으면(대운포함) 이것을 제거기병(除去基病)이라고 한다. 이와 같이 일주와 관계없이 육신지병 또는 용신지병 이라고 한다.

(2) 행운지병(行運之病): 행운지병은 용신이 행운(대운세운)에 의하여 극제 당함을 말하는 것인데 주중(柱中)에서 병을 만나지 않고 행운에서 병을 만나면 그 운 중에서 생명이 위험하고 또한 원국에 병이 있으면서 또 행운에서 그 병을 다시 만나면 중병(重病)이라 하여 그때는 더욱 심각한 위험을 느끼게 된다. 이렇게 행운에서 만나는 병을 행운지병이라고 한다.

壬水篇

三春 壬水

봄철의 壬수는 도도히 흐르고 넘치는 기운이 강해 다시 水를 만나면 둑을 무너뜨릴 힘이 있으므로 土로 물을 막아야 한다. 다만 土가 성해야지 약하면 떠내려간다. <性情이 氾濫하고 滔滔하기 때문에 水를 또 만나면 둑을 무너뜨린다. 土로서 制水하되 土가 盛해야만 안전하고 土盛하면 金으로서 生水함을 기뻐하되 金多하면 土가 無力하니 싫어한다. 火로서 生土함을 기뻐하되 火多하면 水가 無力함으로 싫어한다.>

<1> 寅月壬水

壬수는 시냇물이 모여 큰 강을 이룬 물이라서 바닷물과 같다. 봄철의 물이니 자연 水기가 약해지는 시기라서 金을 좋아하며 지지에 화국을 이루면 명리가 헛된다하니 재다신약을 싫어하는 것이다. <百川을 합친 물결처럼 汪洋之象이나 이미 木旺節이니 水氣는 병들고 柔弱하다. 庚으로서 生水하고 制木하되 金多하면 도리어 洪水 될 수 있다. 土로서 制水하고 丙화로 生土하고 暖水하면 일품의 부귀를 누릴 수 있다. 丙이 寅에 座하고 戊庚이 支藏되어 있어도 小富小貴하고 庚만 나타나도 유능하다. 壬수는 비겁이 있거나 月刃이 있을 경우에 한해서 戊토를 기뻐하고 비겁이 없거나 得旺하지 못 할 경유엔 庚금을 專用한다. 비겁이 있고 庚이 있다면 도리어 極旺해지니 戊土로서 制伏함이 마땅하고 戊토가 支藏해도 秀才가 된다. 지지에 戊多하고 甲木이 透하면 一驥當千의 名將이니 千邪萬鬼가 有伏하다. 大朋하고 公明正大하며 名振四海한다. 지지에 成火局하면 財多身弱하니 名利가 모두 헛되고 문장이 해괴하고 卑俗이다>

乾命	戊辰	甲寅	壬寅	丙午			
수	6	16	26	36	46	56	66
대운	乙卯	丙辰	丁巳	戊午	己未	庚申	辛酉

이 남자의 생일이 양력으로 1988년 2월17일이지만 음력으로 보면 음력으로 보면1987년 12월 30일로 하루 만에 한 살 더 먹은 경우이네요, 그런데 그해 입춘이 음력 12월11일 날 들었기 때문에 사주는 戊辰년 甲寅월로 봐야 합니다. 서머타임 적용도 안 되고요. 이 사주는 네 기둥이 튼튼하고 식신생재로 이어지는 명이라서 의식주 걱정 없고 財官이 透徹하고 명식이 좋아 잘살아갈 것이다. 대기업 직원이랍니다. 천간에 甲丙戊가 나타나서 범람하면 戊土로 막아주고 甲목을 자양하며 丙화로 조후까지 완벽하다.

<2> 卯月壬水

卯월은 완연한 봄이다. 壬수가 할 일이 많이 있는 달이니 내 힘도 길러야 하고 바쁘게 흘러가기 보다는 때로는 물을 막을 수 있어야 하기에 辛금도 戊토도 좋아 한다. 그래서 戊庚辛이 함께 나타나면 크게 발전한다.<寒氣가 없어지고 萬谷이 물이 녹아 奔流하니 戊土를 專用한다. 壬이 死地에 臨해서 無力하니 辛금으로서 生水하고 庚금으로 도와주면 錦上添花다. 丙화를 보면 死水가 더욱 허약해지고 칠살은 더욱 生扶되니 싫어한다. 戊辛이 竝出하면 大發하고 戊透辛藏해도 小富小貴하며 戊辛이 全無하고 庚이 나타나도 富는 한다. 地成木局하고 庚透하면 制木生水하니 총명하고 發身하며 庚이 지장되면 秀才로 출세한다. 木盛火多하고 비겁과 양인이 있으면 大富大貴하나 신약하다면 도리어 貧苦之命이다. 비견이 重重한데 戊土가 있으면 春湖로서 福壽가 振振하고 戊土가 없으면 水多木浮하여 一生辛苦之命이다. 만일 다시 水운으로 행한다면 秀才로 망신한다. 甲乙이 重重하고 비겁이 없다면 전혀 무기력하니 일생을 남에게 의존하고 구걸하며 아무것도 이루지 못하나 庚辛을 만나면 飢餓는 면한다.>
그래서 신약함 보다는 신강이 좋고 중화를 이르는 사주를 좋은 사주로 본다.

坤命	癸卯	乙卯	壬申	癸卯

三神相生格 사주로군요, 金生水 水生木으로 通氣 되어 좋습니다. 다만 상관성이 강해서 여러 장단점을 가지고 살아가지만 의식은 걱정 없는 팔자랍니다. 중화가 중요합니다.

<3> 辰月壬水

水는 입고(入庫-水庫支가 辰土)하였는데 살왕(殺旺-壬수의 칠살)하니 甲으로서 제살(制殺-살을 누르고)하고 庚으로 생수설토(生水洩土-金生水 하고, 土生金함) 함이 간절하다. 甲庚이 병출(竝出-둘 다 나타남)하면 대발(大發)하고 갑투경장(甲透庚藏-甲은 나타나고 庚은 암장)하면 수재(秀才)로서 소부소귀(小富小貴)하며 유계자갑(有癸滋甲-癸수가 있어 甲목을 잘 기르면)하면 일국의 干城으로서 무운이 찬연(武勳이 燦然)하다. 甲이 없어 제살(制殺-살을 눌 움) 못하면 횡폭(橫暴)하고 庚이 없어 生水 못하면 어리석고 옹고집이며 支에 辰戌丑未가 있고 甲이 없으면 종신신고(終身辛苦-죽을 때까지 고생)하고 水多金多하고 無戊하면 평생 무용지물이다. 丙화로서 제금설목(制金洩木-金을 억제하고 木의 기운을 빼면)하면 수재(秀才)로서 출중(出衆많은 사람 앞에 뛰는 사람)하다.

1982년3월26일해시생						
坤命	壬戌	甲辰	壬申	辛亥		
수	5	15	25	35	45	55	65
대운	癸卯	壬寅	辛丑	庚子	己亥	戊戌	丁酉

위 사주는 甲목으로 制殺하고 辛金으로 生水하며 일간 壬수가 甲木에 水生木하는 형상으로 기의 흐름이 매우 좋다. 辰월의 壬수라도 금수목의 기운이 좋아서 보통사람으로 잘

살아가는 팔자이다. 이 여성은 대기업에서 신임 받고 직장인으로 잘 살아가는 여성인데 살인상생(殺印相生)해서인지 직장도 좋고 남편복도 좋다. 남편은 박사하려고 유학중이고 본인은 휴직계 내고 현재 남편 따라 외국에 건너가 살고 있다.

三夏 壬水

 여름은 물이 왕성하나 물이 마르니 比肩을 기뻐하고 金으로 수원지 역할을 하게 함을 목마르게 기다린다. 木으로서 물을 훔치고 마르게 함을 두려워하고 土가 많아 물의 흐름을 막는 것도 싫어한다.<水旺하고 水涸하니 比肩을 기뻐하고 金으로 生水함을 渴求한다. 木으로서 盜水함을 두려워하고 土多함도 싫어한다.>

<4> 巳月壬水

화왕수허(火旺水虛-불기는 강하고 물기는 허함)하니 金을 쓰려해도 火가 剋金하니 무능하다. 먼저 壬수 비견으로서 制火하고 연후에 辛금으로 生水하고 庚으로서 補佐生水함을 기뻐한다. 壬辛이 병토(竝透)하면 大發하고 癸辛이 竝出하고 甲이 나타나면 秀才로서 출세한다. 金多得地(지지에 金根이 있음)하면 도리어 水强하니 富貴가 雙全하고 寅巳가 刑되면 寅中丙甲과 巳中丙戊가 水氣를 심하게 暗洩하니 暗疾이 있기 쉽고 虛名虛利하여 創業을 이룰 수 없다. 地成水局하면 大貴하다.

1937년04월16일戌시생				
坤命	丁丑	乙巳	壬子	庚戌
수	14	24	34	44	54	64	74
대운	丁未	戊申	己酉	庚戌	辛亥	壬子	癸丑

 壬子일주는 양인살이고, 丁丑은 백호요, 庚戌은 괴강 살이니 이 사주팔자도 보통은 넘는 사주이다. 그러나 관인상생(官印相生)으로 생생불식(生生不息-官生印 印生我 하여 食財官으로 막힘없는 상생)하여 일부종사는 어렵지만 남성, 남자의 덕으로

살아가는 팔자였습니다. 壬子 겁재대운에 남편과 별거하더니 癸丑대운에 사별하고, 자녀들로 인한 손재가 거듭 되었고, 癸巳년에 아들이 사업한다고 마지막 돈을 빼앗아가다 시피 하더니 탈재로 인한 근심걱정에 풍기(風氣)로 그만 쓰러져 반 신불수가 될 형편이다. 癸丑대운은 재성을 충(丁癸) 하고 관 성을 형(丑戌) 하여 財官이 무력하고 역할이 미진하므로 매우 불리하다. 그런 와중에 癸巳 겁재 운을 만나 신상에 불미스 런 일이 연이어 발생한 것이다. 이 사주를 일반적으로 간명 할 때에는 오행전구에 상생이 잘 되어 무난하게 살아갈 팔 자로 보아야 한다. 대운 또한 서북방운인 金水로 흘러 무난 하다고 보지만 말년운세가 불미하다는 이유는 백호에 丑土 가 있고 괴강에 戌土가 있어 丑戌刑을 하고 싶은 마음이지 만 멀어서 잘 안 되고 있었으나 癸丑운에 발동 걸리게 된다.

<5> 午月壬水

午월은 午中丁火(火氣)가 하늘을 찌를 듯 하기에 陰水인 癸 수가 아니고서는 丁화를 제압할 수 없고((丁癸沖) 庚금으로 서 물의 수원지가 되고 불기운을 흩으러 놓아야만 좋다는 말이다. <丁화가 극성(極盛)하니 癸수로서 제정(制丁)하고 庚으로서 生水 산화(散火)함을 기뻐한다. 庚이 아니고는 生水하기 어렵고 癸수가 아니고 는 상정(傷丁)하지 못하니 庚癸가 병투(幷透)하면 부귀가 쌍전(富貴 雙全) 하다. 辛癸竝出해도 小富小貴하고 有庚無水하면 상인(常人)이고 地成火局 하고 無水無金하면 부옥빈인(富屋貧人)이며 木多無水者는 승도지명(僧道 之命-중 팔자)이다.>

坤命	癸卯	戊午	壬辰	辛亥		
수	7	17	27	37	47	57	67
대운	己未	庚申	辛酉	壬戌	癸亥	甲子	乙丑

위 사주는 상담사주입니다. 午月의 壬水가 辛亥시를 만나고 일지에 辰土까지 놓아 신약(身弱) 신허(身虛)하지는 않습니다. 대운까지 서방금운(西方金運)에서 북방수운(北方水運)으로 흐르기 때문에 운이 좋아 살아가는데 큰 문제는 없겠으나 평생 안고 가야할 숙제가 있는데 이 문제가 바로 이 여인의 남자 남편문제라고 생각합니다, 라고 말했더니 옆에서 이 말을 듣고 있던 88세 乙亥생 어머니께서 하시는 말씀이 아직 미혼이며 저와 함께 살고 있어요, 라는 말씀에 그러면 그렇지 그러하지 안했다면 벌써 이혼했거나 남같이 등 돌리고 살아야 할 팔자라고 생각했었는데 운이 좋아 독신으로 살고 있구나 생각 했습니다. 이제 왜? 이 여인의 숙제가 남자문제였는지를 함께 연구하기로 해야 하겠습니다.

1, 壬辰일주는 魁罡殺이면서 偏官 七殺을 놓았으니 女命으로서는 夫德이 적겠다는 생각이 들었고, 亥시를 만났으니 辰亥는 원진살이라서 원진은 부부미움을 우선하는 殺이여서 역시 夫德이좋지 않고, 월간 戊土 편관 남편이 癸수 劫財와 합을 하는 것도 문제가 있다. 여기에 배려하는 마음 보다는 편관이라는 꼬장꼬장한 마음씨가 남편을 받아드릴 수 없는 조건이라 봐서 이 여성은 독신자로 살아가거나 아니면 이혼하거나 또는 남과 같이 등 돌리고 살아 갈 것이라고 확신했기에 이 문제가 가장 큰 숙제로 봤던 것이다.

2, 사주를 살피는데 두 번째 조건이 財星을 보게 되는데 財가 어떤 형태인지 또 유력한지 어디에 어떻게 놓여있는지 등을 살피게 된다. 이 사주에서는 午화 재성이 년지의 扶助를 받고 있으면서 년 월간이 戊癸合化로 財가가 되니 유력한데 내가 버는 돈이 아니라 조상의 음덕으로 받은돈으로 보아야 한다.

3, "辛癸竝出해도 小富小貴하"라고 되어있는데 小富는 하였는데 小貴하지 못함은 어떤 이유여서 일까? 그 이유는 戊癸合에서 찾아 볼 수 있다. 戊土(官殺)가 나타나지 않았더라면<戊癸合火로 변함) 귀함도 있었을 것이다.

<6> 未月壬水

未월은 폭염의 계절이고 마른조토로서 辛금과 癸수로서 마른 흙인 쓸모없는 흙을 젖은 흙인 쓸모 있는 土로 만들고 甲목으로 갈아엎어야 쓸모 있는 땅 일 때 비로소 인수가 역할을 잘 할 수 있다는 말이다.<己土가 當權하여 得旺하니 辛癸로서 潤土滅土하고 甲으로 制土함을 기뻐한다. 辛甲이 竝出하면 富貴가 清高하고 甲藏辛透하면 小貴하며 辛藏甲透하면 武官으로 名振하고 甲壬이 幷透하면 治國하고 大貴하며 一派己土하면 간사하고 貧苦하나 甲乙이 制土하면 秀才로서 得名한다.>

坤命	辛丑	乙未	壬戌	庚子			
수	4	14	24	34	44	54	64
대운	丙申	丁酉	戊戌	己亥	庚子	辛丑	壬寅

　未월의 壬수지만 庚辛금이 生水하고 시지 子水에 뿌리 내려 乙木을 키울 수 있으니 가난하지는 않겠다. 관살이 丑戌未 三刑을 놓고 있어 성격도 꼬장꼬장 하며 남편 복이 없는 팔자이다. 無財사주라도 상관성이 강하고 일지 財庫를 놓아 궁핍한 생활은 하지 않을 것이고 庚辛金이 돕고 子수에 有根한 壬수라서 자신의 역할은 잘 될 수 있는 팔자이다. 대운 역시 金水運으로 흘러 무난하고 남편복은 없어도 자손 복은 있고 자신의 말년운도 좋다.<30대 후반 이혼 독신으로 두 자매를 잘 키워 장녀는 대학병원 수간호사이고 차녀는 공무원이란다.>

三秋 壬水

가을 물은 인수인 수원도 왕성하고 물도 바탕이 성하다. 그래서 金水의 기운이 강하면 혼탁해진다.〈母旺子相하니 金水가 가득하다. 土旺하면 도리어 混濁해지고 火多하면 財盛하며 木重하면 子榮하고 水多하면 氾濫하니 土重制水 함을 기뻐한다.〉

<7> 申月壬水

戊丁이 병출 竝出)하면 대발하고 무투정장(戊透丁藏)하면 小貴하며 戊癸合化를 극기(極忌-지극히 꺼림)한다. 丁戊가 支藏되면 富中에 貴를 얻고 임다득무(壬多得戊)하면 大貴하며 戊多한데 一甲하면 小貴하고 無甲者는 常人이며 一派甲목하고 火多無庚하면 일찍이 고향을 떠나서 인연을 찾아 無爲消日한다. 辰戌中의 戊토는 쓰되 申中戊토는 病地이니 不用한다.

坤命	辛丑	丙申	壬午	丁未			
수	7	17	27	37	47	57	67
대운	丁酉	戊戌	己亥	庚子	辛丑	壬寅	癸卯

위 사주는 合多有情의 命造이다. 많다함은 3개 이상일 경우인데 午中丁火와 暗合까지 4개의 합이 있어 정에 끌려 정조관념이 없다, 로 보아야 하며 특히 丁壬합은 淫亂之合이라 하여 유독 더 하다. 이 여인도 부부가 별거하고 있다고 하며 애인 끼고 살아간다. 이런 사주 만나면 정이 많네요, 숨겨놓은 애인 있으면 좋은데 애인 있으시죠? 라고 말을 던져 고객의 반응을 보면서 접근해 나가면 된다. 그런데 살아가는 문제는 걱정이 없겠어요, 궁색하게 살 팔자 아니랍니다.〈金용신에 西方金운에서 北方水운으로 흐르고 財旺해서 한 말이다.〉

<8> 酉月壬水

金白水淸하니 戊를 싫어하고 甲으로 制戊 함을 기뻐한다. 甲透者는 大發하고 庚이 制甲하면 常人이며 甲藏無丁하면 秀才요, 천간에 壬이있고 지에 亥申이 있으면 水汜하니 도리어 戊土로 制水함이 길하다. 金水가 많고 戊土가 있으면 才가 濁하고 困苦하다.

乾命	戊辰	辛酉	壬午	辛丑			
수	5	15	25	35	45	55	65
대운	壬戌	癸亥	甲子	乙丑	丙寅	丁卯	戊辰

官印相生되는 사주로서 官이 좋아 공직 공무원이 이 사주의 역할이다<현직 경찰관이랍니다.>印綬가 강하며 官印相生하는 命이라서 좋은 직업인이고 공직이다.

<9> 戌月壬水

戌월은 土가 왕성한 계절이니 甲木으로 눌러주고 壬水가 많고 戊土가 나타났다면 丙화로 生土함이 좋다는 말이다.<土旺하니 甲으로 制土함을 기뻐하고 壬多하고 戊透하면 丙化로서 生土함이 길하다. 支多金水하고 甲戊가 透하면 身强하고 制殺하니 丙으로 弱化된 戊殺을 生해줌이 權高하고 滅萬系人한다. 一派戊土이고 時上에 甲透하면 大貴하고 干支에 混官殺하면 小貴하며 庚이나 丁이 透하여 甲木을 極洩하면 食神이 無力하고 殺旺하니 常人之命이다.>

乾命	甲戌	甲戌	壬辰	庚戌			
수	2	12	22	32	42	52	62
대운	乙亥	丙子	丁丑	戊寅	己卯	庚辰	辛巳

四柱 네 기둥이 괴강살 백호살로 만 구성 된 특별한 사주입니다. 지지전국이 辰戌4土로만 구성 되어 칠살이 태왕합니다. 시상의 庚금이 통기시켜 관인상생은 한다지만 성정이 유별나네요, 土가 병이고 甲목이 약으로 소토(疎土)해서 나름대로 조화는 이룬 사주군요, 보통 이런 사주를 총칼 쓰는 사주로 무관사주(武官四柱)이기도하고요, 그런 방면으로 진출하면 좋습니다. 〈요리사입니다. 천직으로 진입했다고 칭찬해 주었습니다.〉 편관 칠살이 이렇게 강하면서 요동을 칩니다. 성정이 보통이 아니겠는데요, 무재사주로군요, 요리사라면 봉직(奉職-월급자)이 좋지만 대운의 흐름으로 보아 동방木식상운에 내 일을 할 것 같습니다. 배우자 인연이 박하니 이성문제 관심을 가져야 하는 사주지요,

三 冬 壬水

물이 강한 계절이지만 하니 차가운 기운이 극성하여 火로서 차가움을 막아줌을 기뻐하고 또 戊土로 둑을 쌓으면 금상첨화다. <水旺하니 火로서 去寒 回生함을 기뻐하고 戊土로서 制水하면 錦上添花다. 木盛해도 流水하니 도리어 生氣와 情이 발생한다.>

<10> 亥月壬水

물이 강하므로 戊土로서 둑을 쌓고 병화로서 차가움을 막고 土를 도와줌을 기뻐한다. <水旺하니 戊土로서 成堤하고 丙火로서 除寒生土 함을 기뻐한다. 甲乙木이 並出하고 丙화가 나타나면 秀才로서 成財하고 一派戊土인데 甲으로 制土하면 成光萬里다. 金多水氾하면 辛苦가 바다와 같고 壬多하고 戊土가 있으면 甲乙목을 大忌하고 丙丁戊己의 火土 운에 發身한다.>

乾命	丙子	己亥	壬戌	庚戌		
수	1	11	21	31	41	51	61
대운	庚子	辛丑	壬寅	癸卯	甲辰	乙巳	丙午

亥月壬水가 寒冷한데 濕土寒金이 生水하니 大河가 凍氷 하고 四顧無親이다. 다행인 것은 年上의 丙火가 대지를 보살피니 그래도 生氣가 끊이지는 않았다. 이 사주는 조후용신으로 丙火를 쓰고 신강 하므로 洩氣神으로 木을 써야 하므로 木火는 吉하고 金水는 凶하다로 보아야 한다.

 本命은 金水冷寒한 사주라서 抑扶보다는 燥候가 우선이다. 身旺官旺에 財用神이라서 群劫爭財의 가능성도 있어 운의 起伏이 심 할 것이므로 운세적용에 힘써야한다.

 庚子 辛丑 운은 金水가 旺하니 百事不成으로 인간사에서 되는 일이 없으므로 소년기이므로 탈선할 가능성이 많다.

壬寅운부터 東方 木運으로 喜神 운이라 생기가 감돌고 활기를 되찾으나 兩河가 奔流하니 勞多功少다.

癸卯운에도 秀氣를 발휘 하여 成財는 하지만 속성속패로 기복이 무상하며 兩雨가 내리니 해가 구금에 가리듯 인간사에서 損財나 관재구설이 내 주위 가까운 사람들 중 手下로 인하여 발생하게 된다. 〈癸水 劫財가 발동하고 傷官卯木이 子卯刑을 하므로 상관은 손아래사람이고 형살은 막힘과 구설이고 겁재는 내 형제나 친구로 본다. 고로 가까운 사람들로 인한 손재구설을 말한 것이다〉

<11> 子月壬水

차가운 기운이 극에 달하니 戊土와 丙火로서 둑을 쌓고 남 수생토(暖水生土) 함을 기뻐한다. 〈水旺寒極하니 戊토와 丙화로서 成堤하고 暖水生土 함을 기뻐한다. 지지에 寅巳戌이 있고 戊丙이 竝出하면 大富大貴하고 金水가 多함을 大忌한다. 壬多甲透하면 浮木이니 一生流浪하고 妻子가 無力하며 木多하고 無丙하면 秀才이나 成事가 어렵다〉.

乾命	庚申	戊子	壬寅	丙午		
수	9	19	29	39	49	59	69
대운		己丑	庚寅	辛卯	壬辰	癸巳	甲午	乙未

格으로 보면 子월의 壬水라서 羊刃格이고 身旺財旺한 命에 수로가 탁 트여 흘려보내야 하는 물이다. 通氣가 잘 되는 〈水生木 木生火로 生生不熄인데 인간사에서는 막힘없는 삶을 살아간다.〉사주로 장군 장관의 사주이며 羊刃用財格으로 부의 사주이다. 지혜롭고 영리하며 처세에 달변가이다. 時上에 偏財를 놓아 돈복은 타고났고 財星이 用神(조후용신)이라

부자의 命이며 食神生財라서 쉽게 돈 벌고 쓰는 대로 돈 생기고 인심 좋고 사람하나는 끝내주게 좋은 사람이다.

<12> 丑月壬水

차가운 기운이 극성 하는 계절이나 丙화가 우선이고 甲목으로 소토하면 크게 발전한다하였으니 木화가 없으면 꽁꽁 얼어버린 쓸모없는 물이 된다는 말이다. <凍土가 旺하니 丙화로서 除寒하고 甲목으로 制土하면 大發한다. 戊토가 있고 甲으로 制土하면 大貴하나 支에 木根과 火土가 있어야 食神이 有力하고 發身한다. 金水가 지난치고 無丙하면 凍土로서 不毛이니 萬事가 勞多功無하다.>

乾命	辛	辛	壬	丙
	酉	丑	寅	午

1981년12월25일12시생

수	4	14	24	34	44	54	64
대운	庚子	己亥	戊戌	丁酉	丙申	乙未	甲午

위 명조는 일시를 잘 타고나서 귀격이 된 경우이다. 官印相生으로 좋고 食神生財로 이어지니 금상첨화다. 현직의사로 잘 나가는 팔자에 운의 흐름 역시 좋다. 丙화가 조후용신이고 식신생재로 이어지는 사주라서 개원의도 된다.

癸 水 篇

三春 癸水

본철은 木이 왕성한 계절이니 癸수는 부족함이 많으므로 金으로 수원지가 되어 도와주고 왕성한 木을 다스림을 기뻐하며 지지에 金水의 기운이 강해야 활발하다. <木旺하고 水困하니 金으로서 生水하고 制木함을 기뻐하며 地支에 金水가 有力하면 大發한다.>

<1> 寅月癸水

목왕수약(木旺水弱)하니 辛金으로서 生水하고 丙화로 제한난금(除寒 暖金-찬 기운을 덜어주고 金을 따뜻하게) 해주면 부귀가 겸년(兼全)하다. 지성화국(支成火局)하면 재다신약(財多身弱)하니 壬수로서 제화(制火)하면 부귀하고 무임(無壬)하면 빈곤(貧困)하고 支成火局 丙화가 있어야 귀하다. 이때에 丙화는 제한(除寒-찬 기운을 덜어줌)하고 水氣를 발산(發散)하는 역할을 한다. 본시 癸수는 우로(雨露-비나 이슬)요, 丙은 태양인데 초봄에 癸수가 水局을 얻어 극성(極盛)하면 해물(害物)함이 크므로 丙화로서 制癸함이 도리어 길하다. 庚辛이 없고 無根한데 丙火를 보면 無力한 우로(雨露)가 증발되므로 무용지인(無用之人)이다.

1960년12월24일인시생						
坤命	辛丑	庚寅	癸酉	甲寅		
수	8	18	28	38	48	58	68
대운	辛卯	壬辰	癸巳	甲午	乙未	丙申	丁酉

위 사주는 寅월의 癸수이니 비록 초봄이라도 할 일을 많

이 부여받고 태어난 命이지요, 그래서 庚辛金의 도움이 절실한데 다행이도 년 월간에 庚辛금이 나타나고 일지에 酉金까지 놓아 그 힘이 막강합니다. 그래서 월지와 시주에 강하게 놓인 甲寅3木 상관의 설수를 감당 할 수 있는 것이죠. 명조 구성이 土金 4 : 水木 4로 균형을 이루고 있는 사주이면서 일간 癸수가 金木相戰을 通關시키는 역할을 하는 형상인 것으로 보아 주인공인 癸수는 통관지신 역할로 반드시 필요한 존재인 것이니 비록 여자지만 가정사뿐 아니라 가족사나 사회에서 중요한 역할을 하게 될 것이다. 한마디로 해결사 역할을 해야 되므로 본인은 항상 고달프고 피곤한 몸이 될 것이다. 이 말은 인생사에서 항상 근심걱정거리 끼고 살아가야 하는 것도 다 팔자소관으로 생각하며 살아가야 한다. 그런 다사다난한 삶을 잘 살아올 수 있었던 것은 운의 흐름이 좋아서였을 것이다. 조후가 절실한데 30년 동안 남방火운으로 운행 되어 좋은 운을 만나서 이었으나. 60대 초반운세부터는 다시 印綬운이 강하게 들어 불리하게 작용하여 다시 근심걱정이 닥쳐 올 것이다. 대운에서 申운을 만나고 세운에서 庚子년 이나 辛丑년같은 金水운을 만나면 대단히 불리하다. 그렇다면 壬寅년 운세는 어떠할까? 壬수는 겁재이고 寅목은 상관으로 불난데 부채질 하는 형상이니 인간사에서는 근심 걱정이 몰아닥칠 것인데 누구로 인하여 라고 본다면 남편으로 인한 근심걱정을 해야 할 것이다.<傷官星인 木이 강해지면 夫星인 土가 맥을 못 추는 형상으로 남편이 약하게 된 상황으로 본다.> 라고 봐야 한다. 남편으로 인한 근심 걱정 또는 손재수까지 감당해야 하는 운이 될 것이다.<辛丑년에 남편건강이 매우 안 좋다는 병원 측의 통보를 받은 상태>

<2> 卯月癸水

2월 봄은 木이 왕성하고 水는 약한 계절이어서 庚금으로 나무의 기운을 다스림과 동시에 약한 癸수에게 수원지 역할을 해야 하고 辛금으로 보좌역을 하면 좋다. 그러나 庚辛금이 나란히 천간에 나타나면 더욱 좋은데 단 丁화가 없어야 귀격이 된다. 庚辛금이 전혀 없을 경우 癸수는 힘을 못 쓰니 보통사람에 지나지 않는다. <木旺하고 身虛하니 庚으로서 制木하고 生水하며 辛이 補佐함을 기뻐한다. 庚辛이 兩透하고 丁이 없으면 貴格이요, 庚辛이 全無하면 無力하니 常人之命이다.> 庚금은 천간에 나타나고 辛금이 암장 된 경우 귀함이 적고 辛금은 천간에 나타나고 庚금이 암장 된 경우 의식걱정은 않는다. 그러나 庚辛금이 지지에 암장 된 경우는 부자도 되고 귀함도 얻을 수 있으나 선비로 이름을 얻게 되고 木이 많거나 局을 형성하면 가난하고 고단하며 火가 많으면 운이 金운이라 해도 되는 일이 없다. <庚透辛藏하면 小貴하고 辛透庚藏하면 衣食이 足하다. 庚辛이 支藏되면 富中에 貴를 얻고 文筆로서 揚名하며 木多하고 地成木局하면 貧困하고 多火하고 西方향에서도 無爲하다.> 癸수는 하늘 물이라서 庚辛금으로 生水하기 어렵지만 땅에서는 샘물로 庚辛금을 좋아하며 金이 木을 강하게 다스리면 水生木이 안 됨으로 金을 기뻐하는 것이다. <癸는 天生水로서 庚辛금으로 生水하지 못하나 地上에서는 泉水가 되어 庚辛은 泉이니 庚辛을 기뻐하며 金이 制木하면 洩水가 막힘으로서 더욱 金을 기뻐한다.>

상담사주 하나 풀고 가려고 합니다.
여성분의 전화 한통을 받았습니다.
선생님의 강의를 듣고 싶어서요, 라기에 지금은 강의를 안 하고 있다며 시간 내어 들리면 조언정도는 해 드리겠노라고 했더니 오늘 방문하셨네요,

1962년02월01일신시생				
坤命	壬寅	癸卯	癸卯	庚申
수	1	11	21	31	41	51	61
대운	壬寅	辛丑	庚子	己亥	戊戌	丁酉	丙申

[命造 解說]

　　2월초하루 날인데 절기인 경칩 날 태어났으나 申時生이니 입절시간이 10시30분이므로 절입후 태어나서 癸卯월로 보아야 하고 癸卯일에 태어났으니 天地同合이라는 것이 눈에 확 들어다. 사주를 볼 때는 특징을 살피는 것이 우선이죠, 없는 오행과 많은 오행도 문제가 되니 잘 살펴야하고 巳午未월이나 亥子丑월 생이면 水火의 존재를 살펴야 한다. 이는 조후가 매우 중요해서 하는 말이다. 또 三神相生格이군요,<木水金만있는 사주>木旺節에 癸水인데 다행이도 庚申시를 만나서 身弱은 면했는데 壬癸수가 월시간이 나타났어도 뿌리가 없는 것이 문제였는데 그래도 庚申 정인의 도움을 받았으니 말이다. 5:3사주라도 강한 것 같지만 강하지는 않고 그렇다고 허약하지도 않다. 無官無財사주네요, 무재라도 돈 걱정은 없는 사주로군요, 재성이 없을 경우 식상을 재성으로 보라 했으니까요, 그러나 官星이 없는 것이 흠이기도 하지만 여자사주에 식상이 강하면 관성인 夫星이 맥을 못추는 상황이라서 부부인연이 박하다고 하는데 이 여인의 운세흐름상으로 보아 40전에 맺어진 이성이라면 생리사별(生離死別)이 보이고 41세 이후 10년간의 운이 관운이 들긴 했으므로 늦은 나이에 결혼 했을 수도 있다고 생각했는데 역시나 미혼으로 독신으로 살고 있답니다. <戊戌대운은 정관운이든 운이어서>직업성도 좋지 않아 특수직 업이 좋고 면

허나 자격증을 가지고 살면 좋은 사주요, 교육자 선생님 언어능력으로 살아야 하는 팔자라고 했더니 젊어서는 시간강사로 일했다 네요, 나이답지 않게 외모도 야하게 생겼고 패션 감각도 남다르게 옷을 입었고 또 관상학적으로 봐도 무당 끼가 있는데 무당이 안 된 것은 40대운이 戊戌土 운이었기에 그런 것이고 40전까지 한습(寒濕)한 운이어서 접신의 기운이 있었으나 사주자체가 신을 받들지 못하는 팔자라서 거부했을 뿐이라고 했더니 40대에 역술공부를 시작하고 이쪽에 관심이 많았다 네요, 다 팔자 소관이지요.

지금도 공부하려고 몸부림친답니다. 그런데 말문이 안 트인다 네요 무조건 개업해서 시작하면 잘 할 수 있는 사주라고 이야기 해 주었고 壬寅년이 되면 새로운 변화가 보이다고 그때 시작해 보라고 조언 해 주었더니 어느 술사가 이렇게 말했네요, 癸水가 뿌리가 없어 이제 다 끝났으니 무엇을 해도 잘 안 될 거라고 했답니다. 아무리 그렇다고 해도 그렇게 막말을 할 수가 있나요, 그렇지 않다고 대신 변론해주었답니다. 庚申 정인이 시주에 있어 늦게는 도움이 되고 뿌리가 된다. 食神生財 운을 만나면 돈 많이 벌 수 있다, 乙巳 丙午 丁未 년에 많은 돈을 벌 것이다 그러므로 壬寅 癸卯 甲辰 년에 무한한 노력을 하면 그 대가가 乙巳년부터 온다고 용기를 주었습니다. 돈은 벌겠는데 지키는 능력이 부족하므로 그것에 신경을 좀 쓰라고 조언해주었답니다.

그러나 이 여자분 보내놓고 혼자 중얼대며 이렇게 말 했죠, 비겁이 중중하고 식상관이 저리도 많으니 혼자 살아야 할 팔자로군 그래도 의식은 걱정 없는 팔자이며 역술업이 잘 맞을 것도 같다는 생각을 해 봤습니다.

<3> 辰月癸水

土旺하나 水根이 있으니 地에 金水가 多하고 木이 透干되면 능히 生木할 수 있으므로 丙화로서 發育을 促進하는 것을 기뻐한다. 地에 辰戌丑未가 있고 천간에 辛금과 甲목이 나타나면 크게 榮達하나 辛甲이 없다면 無能 無用之物이다.

乾命	甲申	戊辰	癸卯	壬子		
수	9	19	29	39	49	59	69
대운	己巳	庚午	辛未	壬申	癸酉	甲戌	乙亥

　무재(無財)사주로 辰월의 癸수가 壬子시를 만나서 申子辰 水局을 이루니 金水태왕 하지만 다행이도 일지에 卯목 식신을 놓고 年干에 甲목이 나타나 식상 또한 강하므로 설기가 잘 되어 어려움 없이 살아가는 팔자다.

　사주구성을 살펴보자면 월주 부모궁의 戊辰토가 제방으로 활용하는 흙으로 버팀목이 되지만 申子辰 또는 辰戌충이 될 때는 사정없이 무너지는 형상이므로 기복이 있는 사주라 말할 수 있습니다. 癸水는 한없이 맑은 물로 깨끗하고 청렴한 성품이지만 성격이 좀 급하다.〈불이 없는데 왜 급한 것일까요? 폭포수나 홍수를 생각해 보세요. 이 사주는 申금이 金生水하는 강한 폭포수 같은 물에다가 壬수가 시간에 나타나서 잔잔한 물 일 때는 好人으로 매우 인자하지만 이 물은 건드려 풍랑이 일면 이성을 잃을 정도로 폭포수로 변합니다.〉건드리지 않으면 잔잔한 호수 같지만 건드리면 물불 가리지 않는 성품이고 바람이 가라앉으면 풍랑은 잔잔한 호수로 변하기에 언제 그랬느냐는 마음으로 변한다. 강한 자에게는 매우 강하지만 약한 자에게는 너무 유(柔)한 것이 오히려 흠이

되기도 한다. 癸水가 戊土를 만나면 문제가 있다고 하지만 本命같이 戊辰 정관 土가 뿌리내린 상태라면 정직하고 정확하고 고지식하기 짝이 없을 수 있다.

 인수가 없는 사주라도 水庫地를 놓고 있어 마르지 않는 물이다. 대운의 흐름으로 보아 南方火운에는 마음고생이 많았을 것이나 西方金운을 만나면서 안정 되고 평안해 지는 운세였다. 북방수운인 말년은 안정 되고 평안 할 것이다. 무재 사주지만 식상이 잘 발달 되어 궁색하게 살아가는 팔자는 아니다.

三夏 癸水

火旺水輕하니 財多身弱으로 比劫과 印星으로서 制火制水함을 기뻐한다. 金水가 多하면 有能大發하고 火土가 많고 水根이 없으면 辛苦가 많다. <여름철 물이나 水根인 水의 뿌리가 중요하다>

<4> 巳月癸水

辛금으로서 生水하고 壬으로 부신(扶身)하면 대발한다. 辛금이 없으면 庚이 있어도 소귀(小貴)하다. 丁火가 상신(傷辛-신금을 상하게 함)하면 극빈(極貧)하고 신장무정(辛藏無丁-辛은 지장간에 있고 丁화는 없고)하면 역시 小貴하다. 일파화토(一派火土-옆에 화토가 나란히 나타남)이면 庚이 있어도 生水하지 못하고 지나치게 건조하니 안질(眼疾-눈병)이 많고 庚壬이 양투(兩透-둘이 천간에 나타남)하면 대귀(大貴)하다.

坤命	癸亥	丁巳	癸亥	丁巳
수	1	11	21	31	41	51	61
대운	戊午	己未	庚申	辛酉	壬戌	癸亥	甲子

<상담사주입니다>

특별한 사로군요, 癸수와 巳화로만 구성된 양신의 팔자다.

巳中에 戊庚丙이 암장(暗藏) 되어 있고 亥中戊甲壬이 암장되어 있으므로 신약하지도 않고 財官이 좋은 편입니다. 다만 충이 이렇게 많이 연결 되면 좀 시끄러운 사주죠, 수근(水根)이 단단해서 살아가는 데는 별 문제 없는 사주죠,

위 여성은 일찍 결혼해서 자손 셋을 낳고 가정주부로 살아가는 팔자입니다. 대운의 흐름이 아주 좋습니다.

<5> 午月癸水

午월은 水의 근원이 약함에 이르러 지지에 水가 많으면 부귀하고 경신 수원이 함께 투출하면 크게 발전하지만 지지에 화국을 이루거나 화기 충만하면 스님의 팔자라는 말이다,

<水根이 至弱하니 庚辛으로 生水하고 支多水根하면 富貴하다. 壬수와 癸수가 扶身하면 錦上添花格이요, 庚辛壬 또는 癸水가 竝出하면 大貴하다. 金이 透하고 申子辰水局을 얻으면 大發하고 富貴가 長久하다. 만일 支成火局하고 無壬透하면 僧道之命이요, 二壬一庚이 竝出하면 富貴 한다.>

35세,1987년05월27일00:30분							
坤命	丁卯	丙午	癸卯	壬子		
수	5	15	25	35	45	55	65
대운	丁未	戊申	己酉	庚戌	辛亥	壬子	癸丑

태어난 날이 6월 23일 23시30분인데 그해 서머타임적용이 되는 시기라서 1시간을 뒤로 돌린다면 0시30분이기에 날짜가 바뀌게 되어 壬申이 아닌 癸卯일로 보고 무子時로 봐야 하는 특이한 팔자랍니다. 三神相生格이로군요. 사주가 순하고 네 기둥이 튼튼해서 좋은 팔자이면서 운 역시 金水 운으로 흘러 아주 좋습니다, 대기업 직원으로 근무한답니다.
　이사주의 특징은 지지에 4도화(왕지)로 구성 되어 왕성하게 활동 하는 팔자이며 午월의 癸수가 년 월간에 丙丁이 나란히 나타났어도 시지에 壬子수가 돕고 있고 2卯목이 존재하여 水生木 木生火로 通氣 하는 형상이라 어려움 없이 잘 살아가며 운 역시 金水운이라 부족함이 없다. 戊官사주라도 배우자궁에 통과지신이 놓여 배우자 덕도 좋다고 봐야 한다.

<6> 未月癸水

土旺하니 庚辛으로서 洩土生水하고 火多하면 壬癸로서 制火扶水함을 기뻐한다. 丁火를 忌하고 土多함을 싫어한다. 金水가 有力하면 能小能大하여 大發하고 火土가 盛하면 無能無力하여 貧苦하고 無依한다.

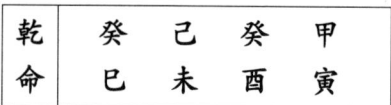

　위 사주는 氣의 흐름이 좋다 地支巳火로부터 未土 酉金에서 다시 癸水일간으로 또 甲寅木에 이르기까지 生生不熄이다. 젊어서는 면허로 직장생활 했고 정년이후에도 교육자로 강사 활동하면서 잘 살아간다. 언변 좋고 삶이 순탄하다.

三秋 癸水

인수도 왕성하고 식상 또한 같으니 차가운 기운이 점점 올라가니 丁화 불로 金의 기운을 누르고 木으로 水生木해서 木生火로 연결 되면 크게 발전 부귀영화 누린다. <母旺子相하니 寒氣가 漸高하다. 丁火로서 制金하고 木으로서 吐水하면 發身하고 榮達한다.>

<7> 申月癸水

庚금이 旺하니 丁화로서 制金함을 기뻐하고 甲이 生火하면 大發한다. 丁화가 多透하면 더욱 有能하고 支에 午화가 있으면 大富大貴한다. 癸水는 木을 滋養하는 것이 본분인데 申월부터는 生氣가 가시고 寒冷이 늘어난다. 이때부터는 水를 따뜻한 溫水로 만들어야 萬人이 기뻐하고 有用하다. 庚은 솥이요, 丁화는 火力이며 甲은 연료이니 甲을 얻으면 寒水가 따뜻한 溫水로 변하니 목욕탕처럼 만인이 따르고 富할 수 있다.

乾命	\multicolumn{4}{c}{1960년07월02일辰시생}			
乾命	庚子	甲申	癸未	丙辰			
수	5	15	25	35	45	55	65
대운	乙酉	丙戌	丁亥	戊子	己丑	庚寅	辛卯

이 사주는 申월의 癸수가 丙辰시를 만나고 일지에 未토를 놓고 월간에 甲목 상관이 나타난 상태다. 조화가 잘 이루어진 것 같지만 <金水 4 : 木火土 4로>申子辰 水局을 이루고 있어 비록 癸수지만 강한물이다 甲목 상관이 설기해야 하는 사주여서 만약 甲목이 상하게 되면 둑이 무너지고 홍수로 수마(水魔)가 된다. 대운흐름 상으로 亥子丑 운에는 무난했지

만 庚寅대운에 들어서면서 흔들리기 시작한다,<甲庚沖 寅申沖>지난 庚子년 같은 해를 만나면 핵인 甲목이 상하고 삼합 水局을 이룬다면 대단히 불리하게 된다. 辛丑년도 역시 불리하다. 辛금은 편인이고 丑토는 未土가 沖을 당하는 상태로 해롭고 壬寅년을 만나면 흉신 겁재가 날뛰고 寅목이 상충되면 흔들리기도 하지만 육신상으로 상관 운을 만나면 질병으로 인한 수술 수로 보아야 할 것이다.

<8> 酉月癸水

金白水淸이나 寒水이니 無用이다. 辛금이 솥이니 丁화는 쓰지 못하고 丙화를 써야 한다. 辛금으로 솥을 삼고 丙화로 따뜻하게 데우면 千金의 溫泉之水가 되니 發福하고 名振한다. 丙화와 辛금이 合하면 무용지물이니 서로 떨어져 있어야 하고 土를 大忌 한다.

坤命	丙午	丁酉	癸未	丙辰			
1966년08월07일辰시생							
수	04	14	24	34	44	54	64
대운	丙申	乙未	甲午	癸巳	壬辰	辛卯	庚寅

너무 맑은 물엔 고기가 살 수 없듯이 이 여인의 성정은 너무 맑고 깨끗해서 보통사람들이 말하기를 너무 까다롭고 상대하기 힘든 성정이 어쩌면 가장 큰 흠이랍니다. 이 여자 분도 배려심이 적고 자기위주로 살아가는 성정인데 정직하고 고지식합니다. 남편의 별이 흙인데 바짝 마른 흙이라 흙의 역할이 안 되는 팔자이니 남편 덕이 없는 팔자 역시 부부인연이 적은 팔자랍니다. 화토가 지나치게 많은 사주지요,

財生殺해서 남편의덕도 적고 고달픈 삶을 살아간답니다. <이 여인도 첫 남자와 이혼하고 독신으로 살고 있는데 무당집에 서 굿하면 남편이 돌아 올 수 있다고 한답니다.> 신약한 사 주를 가진 사람들은 주체성이 약하여 남의 말에 흔들릴 수 있으니 이점도 참고하시고 잘 판단하시기 바랍니다. 이것도 참고사항으로 조언을 드리는 것이지만 굿을 하고 정성을 드 린다고 100% 좋아지고 잘 살아갈 것이다, 라는 것도 잘 판 단하시기 바랍니다. <상담시에 본인에게 조언한 말이다.>

<9> 戌月癸水

戌土는 늦가을로 土가 왕성하니 토의 기운을 빼고 물의 근 원이 되면 壬癸수로 木을 키워 강한土를 흩으러 놓으면 좋 아진다는 말이다. 지지에 亥수가 있어 뿌리하고 辛금과 甲 목 과 丙화가 뜨면 최고의 좋은 사주로 부귀를 누린다는 말 이다. 원래 戌土는 火庫支라서 불기가 있고 辛금은 솥의 역 할을 하고 甲목은 불붙여 丙화로 데우면 자연적인 온천수가 되어 좋다는 말이다. <土旺水虛하니 辛금으로서 洩土生水하고 壬癸로 서 木을 滋養하여 制土하면 發身한다. 支에 亥수가 있고 辛甲丙이 幷出하 면 천하의 名溫泉으로서 大富大貴한다. 戌은 뜨거운 火로서 물을 데우고 辛은 솥으로서 保水하며 甲은 埋金되지 않도록 保金하고 丙은 太熱로서 자연적으로 溫水하니 溫泉임에 틀림없다>.

2004년08월28일申시생							
坤命	甲申	甲戌	癸亥	庚申			
수	1	11	21	31	41	51	61
대운	癸酉	壬申	辛未	庚午	己巳	戊辰	丁卯

戌월의 癸수가 庚申시를 만나서 극을 받지 않고 官印相生

으로 이어지는 팔자인데 더욱 기쁜 것은 년 월간지에 나타나고 甲木 상관이 투출되었다는 점이다. 듬뿍 받은 사랑을 나도 배려차원에서 아낌없이 줌으로 하여금 살아가는 맛을 아는 사람이다. 5 : 3 사주로 身이 강한 사주지만 나름대로 조화를 잘 이룬 명조이다. 강하면 눌러주고 약하면 부조해주는 것이 자연의 이치이지만 태강자는 눌러줌 보다는 설기로 달래주는 것이 더 효과적이다. 金水가 강하니 木火로 중화를 이루게 함도 역시 자연의 이치일 것이다. 그렇다면 운기 역시 동일하니 金水 운은 불리하고 木火 운이 유리 하다할 것인즉 초년 20년간의 운은 癸酉 壬申 金水 운이라 불길하지만 사주가 정격이라 삐뚤어나가지는 않겠다, 다만 고통이 만만치 않다고 봐야 하는데 공부하는 시기라서 공부에 집중해야 함에도 불구하고 세운까지 辛丑년이라는 좋지 못한 운이라서 인간사에서는 스트레스가 이만 저만이 아닐 것 같다. 그러나 21대운부터 60년간 남동향방향운으로 운행 되어 아름다운 삶을 살아갈 것이다.

[학문적인 관점에서 보면]
　戌月庚申時는 土旺生金인데 癸水가 비록 약하다하나 官印相生으로 도리어 유력함을 얻으니 火土財官도 필수지만 火만 있고 土가 없으면 인성이 상할 염려가 있고 火는 없으며 土만 무거우면 매금(埋金) 될 염려가 있으니 火土木이 평균함이 최상인데 일지에 亥수를 놓아 土金水로 相生하니 이런 경우 甲寅木이야말로 최상의 묘수가 될 것이다. 그런데 그림같이도 년 월간에 甲木이 쌍으로 나타나서 각자 역할을 충실히 행하고 있다. (庚 癸 甲으로 金生水 水生木)
[사실 확인에서 나타난 현상]
　현재 고2재학 중인데 특수학교에 재학 중으로 규율이 엄

격해서 애를 먹고 있다고 한다. 모든 것을 포기해야할 상황에 이르렀다고 하여 앞으로의 진로를 상담하러 조부께서 의뢰 한 팔자이다. 조언의 말씀으로 辛丑년 乙未월의 고비만 잘 넘긴다면 丙申 丁酉월부터는 안정기에 접어들 것이고 후반부는 유리하며 壬寅년이 되면 한숨 내쉬며 공부에 전념하게 될 것이라고 말씀드렸다. 그런데 庚子월에 다시 더는 못 버티겠다고 어찌하면 좋으냐고 문의가 왔다. 庚子 辛丑월은 배부른데 과식하는 운이라서 대단히 불리하다. 이 고비를 넘겨야 하는데 넘기지 못할 것 같다고 조언 해 주었다.

三 冬 癸水

물이 강한 계절이라서 차고 추워서 丙화로 물을 따뜻하게 함이 좋다. <水旺하고 寒冷하니 丙화로서 制寒 溫水함이 吉하다. 申酉월은 쇠솥이 있으니 木火로서 물을 데우고 온천을 개발하듯 발신의 길이지만 겨울 亥子丑엔 솥이 없으니 生氣를 간직할 따름이다.>

<10> 亥月癸水

물은 차고 춥지만 10월 亥수는 얼은 물이 아니므로 庚辛금으로 生水하는 것이 좋다는 말이다. <水旺하고 寒冷하니 샘에서 生水하는 自然溫水를 기뻐한다. 十月庚辛은 깊은 바위속의 샘이니 溫水가 생산된다. 그래서 庚辛을 기뻐하고 專用한다. 支成木局하면 火가 아쉬우니 丙丁이 있으면 秀才로서 성공한다. 一派壬水로서 戊土가 없으면 겨울 장미이니 늙도록 奔走하고 貧困하며 戊土가 나타나면 成湖하니 淸高하다. 一派庚辛이고 丁화가 나타나면 온천으로서 名利가 雙全하고 丁이 없으면 寒水로서 貧困하다.>

1993년10월18일10:22분				
乾命	癸酉	癸亥	丙辰	癸巳
수	8	18	28	38	48	58	68
대운	壬戌	辛酉	庚申	己未	戊午	丁巳	丙辰

<상담사주입니다>

이 사주를 일반격인 正官格 사주로 볼 것인가 종격으로 從殺格으로 볼 것인가 고민하지 않을 수 없다. 다시 원국을 살펴볼 필요가 있다. 시지에 巳화를 놓아 祿地라고 볼 수 있으나 月時가 巳亥沖하여 巳화가 상했다. 旺神沖發하면 衰神이 傷한다. 또 巳酉合金으로 변하며 辰酉合으로 金水의 기운이 강하다. 그렇다면 천하의 丙화라도 從 해야 할 것 같다.

이 사주의 주인공은 이란성 쌍둥이 첫째 남자의 팔자인데 중국에 유학하고 중국계은행 한국지점에 근무한다.

<11> 子月癸水

凍水이니 丙으로 解氷하고 金으로 溫水하면 大發한다. 一派 壬水로서 無丙하면 氷河이니 寒困하고 一派癸수로서 無丙하면 겨울장미이니 孤貧하고 下賤하며 支成火局하고 丙화가 重出하면 大溫泉이니 大貴하고 榮華롭다.

乾命	辛酉	庚子	癸未	丙辰
수	5	15	25	35	45	55	65
대운	己亥	戊戌	丁酉	丙申	乙未	甲午	癸巳

子月 嚴冬雪寒에 萬物이 凍結 상태인데 時上에 태양이 높이 뜨니 生氣를 얻는다. 金水가 旺相하니 智謀가 非凡하고

체력이 왕성하며 차가운 물이 태양을 만나서 큰 뜻을 이루는 형국이다. 사주는 본시 음양의 조화로서 水火의 비중에 역점을 두어야 한다. 水火가 균형을 이루면 수레의 바퀴가 (輪-바퀴 륜) 고른 것이요, 不均衡이면 두 바퀴가 기운 것 같아 전진 할 수 없는 것이 物理요 상식이듯이 사주는 음양이 고르면 편안 하고 발전하며 음양이 고르지 못하면 不安하고 破散하는 것이다. 本命은 金水가 旺한데 반하여 木火가 약하다 때문에 水를 누르는 火土운은 편안하고 약한 火를 생해주는 甲乙 木운과 火가 得旺해지는 午未운에 大發하며 높은 지위에 오르게 된다.

<12> 丑月癸水

가운 기운이 극성하고 꽁꽁 얼어 만물이 움츠리는 계절이다. 병화로 생기를 돋우고 壬戌로 호수를 만들면 부귀 한다.<寒氣가極하고 冷凍하니 만물이 기를 펴지 못한다. 丙火로서 生氣를 돌리고 壬과 戌로 成湖하면 大溫泉으로서 富와 貴를 얻는다. 丙火가 없으면 氷山이니 無用하고 貧困하며 丙火가 있고 壬戌가 없다면 태양은 있고 湖水가 없으니 빛을 나타내기가 어렵다. 支에 水多하고 干에 癸重하면 丙火가 있어도 無力하니 解凍하기 어렵기에 常人 에 지나지 않으며 癸水대신 辛金이 나타나서 合丙을 해도 역시 失光하니 不美하다. 丁火가 나타나서 剋辛 防合하면 吉命이고 支成水局하고 無丙자는 四顧無親이니 일생 辛苦하며 支成火局하고 庚辛이 透하면 의식은 豊足하되 無金하면 솥 없는 화로이니 孤貧하다. 支成金局하고 丙火가 透天하면 溫泉이니 名振四海하고 無丙하면 文章은 뛰어나나 虛名虛利하다. 溫泉이 아닌 氷河이기 때문이다. 支成木局하고 無金하면 洩氣가 太過하여 殘疾이 많고 金으로서 生水制木하면 技藝가 出衆하다.>

1962년12월25일酉시생				
乾命	壬寅	癸丑	癸亥	辛酉
수	5	15	25	35	45	55	65
대운	甲寅	乙卯	丙辰	丁巳	戊午	己未	庚申

<스님의 팔자이다>

 이 사주의 주인공이 승도의 길을 가지 않았다면 어떤 삶을 살아갈까, 丑월의 癸수라는 것만 가지고도 걱정인데 壬癸가 년 월간에 뜨고 시간에 辛금까지 투간되고 亥水와 酉金이 월 시지에 놓여 7개의 오행이 金水로 구성 되고 겨우 寅목하나가 년지에 놓여 있을 뿐이다. 대운이 木火로 흘러 조후는 끝내주게 좋다. 지혜롭고 배려심이 많고 스님다운 스님이다. 만약에 일반인으로 살아갔었다면 아마도 신체적인 문제나 정신적인 문제로 고통 받지 않았다면 요절 했을 것이다.

五 象 醫 學

오상의학은 불문진(不問診)이다.

병진에는 환자가 절대적이다. 대화를 하고 진맥을 하며 검사를 해야만 비로소 윤곽을 짐작할 수 있다. 그러나 오상의학은 환자가 필요 없다. 대화나 진맥 없이 타고난 사주팔자로서 체질과 질병을 한 눈으로 관찰 할 수 있는 것이 오상의학이다. 타고난 체질이 강하냐, 약하냐, 木體냐 土체냐 金체냐 水체냐를 가려내어 지금 앓고 있는 장부가 肝이냐 肺냐 脾냐 心이냐 腎이냐를 똑바로 밝혀내고 그 원인이 虛냐 實이냐를 구체적으로 분간할 수 있다. 허와 실이 정립되면 補와 瀉의 처방은 자동적이다. 환자 없이 일언반구의 대화도 없이 보지도 묻지도 따지지도 않고 병의 원인과 증상을 청사진처럼 분석하고 진단하며 자유자재로 처방할 수 있는 완전무결한 不問診은 동서고금을 통하여 전무후무한 사상초유의 신기원이자 의학의 일대혁명이다.

역술계의 巨星 변만리 선생님께서 수년간에 걸쳐서 독자적으로 개발한 五象醫學은 수십 번을 재발간해서 문하생들의 절찬을 받았던 책으로 후학지도용 교재로만 오랫동안 사용되었으나 선생님께서 타계하신 후 많은 사람들의 입소문으로 열화와 같은 요청에 의해 서점판매를 결정하게 되었습니다. 이제는 번거로운 진찰이나 따분한 입원을 하지 않고서도 내 집에서 편안하게 만병을 진단하고 처방하여 다스릴 수 있다. 간단명료하고 공식적이며 오진과 약사고가 전혀 없음으로서 누구나 쉽게 배우고 활용할 수 있는 만능교사가 될 것입니다.

五象醫學 : 4 / 6배판 572쪽 내외 정가 58,000원
전화02)926-3248 도서출판 資 文 閣 팩스02)928-8122

萬 里 醫 學
만병을 뿌리채 뽑을 수 있다

　만성병은 난치 불치병일까? 天命으로 體質을 분석하고 체질로서 병의 원인을 밝혀내며 만병을 뿌리채 다스리는 새로운 病理와 藥理와 診斷과 治病을 상세히 밝힌 治病의百科事典입니다. 환자를 상대로 병을 진단하는 東西醫學과는 달리 天命을 상대로 인체를 해부하고 오장육부의 旺衰强弱을 분석해서 어느 장부가 虛하고 病이며 藥이고 處方인지를 논리적이고 상식적으로 알기 쉽게 구체적으로 풀이함으로서 실감있게 무난히 공부함과 동시에 내 자신의병을 정확히 판단 할 수 있습니다. 역술계의 巨星 변만리 선생님께서 수년간에 걸쳐서 독자적으로 개발한 萬里醫學은 수십 번을 재발간해서 문하생들의 절찬을 받았던 책으로 후학지도용 교재로만 오랫동안 사용되었으나 선생님께서 타계 하신 후 학인들의 열화와 같은 요청에 의해 서점판매를 결정하게 되었습니다. 만리 의학은 천명과 체질위주로 진단하고 처방함으로서 간단명료하고 공식적이며 오진과 약사고가 전혀 없음으로서 누구나 쉽게 배우고 활용할 수 있는 만능교사가 될 것입니다.

萬里醫學 : 4 / 6배판 416쪽 내외 정가 50,000원

전화02)926-3248 도서출판 **資 文 閣** 팩스02)928-8122

萬里天命

天命은 四柱八字를 말한다.

　역술계의 巨星 변만리 선생님께서 20여년동안에 열심히 연구하고 개발한 만리천명은 음양오행설을 비롯하여 중국의 점성술을 뿌리채 파헤치고 새로운 오행과 법도를 독창적으로 개발하고 정립한 명실상부한 독창이요 혁명이며 신기원의 역술서적입니다. 수십 번을 재발간해서 문하생들의 절찬을 받았던 萬里天命은 변만리 선생님께서 후학지도용 교재로만 오랫동안 사용되었으나 선생님께서 타계하신 후 학인들의 열화와 같은 요청에의해 서점판매를 결정하게 되었습니다. 지금까지의 음양오행은 강자가 약자를 지배하는 상극위주의 자연오행을 신주처럼 섬기는 동시에 格局用神과 神殺을 감정의 대법으로 삼아왔지만 지금부터는 金剋木 木극土 土극水 水극火 火극金의 相剋을 절대화해서 金은 木을 이기고 지배하며 水는 火를 이기고 지배하는 것을 법도화해서 태양오행과 體와 用의 감정원리를 확실히 밝힌 역술혁명서적입니다. 본 萬里天命으로 공부하시는 학인들은 학습지도교수가 궁금증이나 의문사항을 문의하시면 직접지도 해드립니다.
지도교수 김동환 070-4103-2367 (변만리역리연구회장)
　만리천명 : 4 / 6배판 520쪽 내외 정가 50,000원

전화02)926-3248 도서출판 **資 文 閣** 팩스02)928-8122

六 神 大 典
육신은 사주의 꽃이다.

　역술계의 巨星 변만리 선생님께서 수년간에 걸쳐서 독자적으로 개발한 감정의 최고 原理書인 六神大典은 수십번을 재발간해서 문하생들의 절찬을 받았던 책으로 후학 지도용 교재로만 오랫동안 사용되었으나 선생님께서 他界하신후 學人들의 열화와 같은 요청에 의해 서점판매를 결정하게 되었습니다. 사주는 六神으로서 인간만사를 판단하게 되는데 財星이 用이고 喜神이면 得財 致富하고 출세하듯이 六神의 喜神과 忌神은 운명을 판단하는 열쇄가 됩니다. 운명과 인간만사는 陰陽五行의 相生相剋으로 판단하지만 父母 兄弟 妻 夫 子孫의 富貴貧賤과 興亡盛衰는 하나같이 육신위주로 판단합니다. 변만리 선생님은 육신대전이야말로 사주의 꽃이라 했습니다. 육신대전은 사주의 백과사전으로서 사주와 운세의 분석과 감정에 만능교사가 될 것입니다. 본 六神大典으로 공부하시는 학인들은 학습지도교수가 궁금증이나 의문사항을 문의하시면 직접 지도 해드립니다.
지도교수 김동환 070-4103-2367(변만리역리연구회장)
　六神大典 : 4 / 6배판 356쪽 내외 정가 25,000원
　전화02)926-3248도서출판資 文 閣 팩스02)928-8122

通變大學

통변은 사주의 꽃이다.

　역술계의 巨星 변만리 선생님께서 수년간에 걸쳐서 독자적으로 개발한 감정의 最高書인 통변대학은 수십 번을 재발간해서 문하생들의 절찬을 받았던 책으로 후학지도용 교재로 만 오랫동안 사용되었으나 선생님께서 他界하신후 學人들의 열화와 같은 요청에 의해 서점판매를 결정하게 되었습니다. 사주는 감정이 기본이고 감정은 통변이 으뜸입니다.

五行을 正五行 化五行 納音五行別로 나누고 운명과 인간만사를 세 가지 오행별로 판단하는 원리와 요령을 상세히 밝힌 통변대학(백과사전)에서는 무엇이 正五行이고 化五行이며 納音 五行인지를 구체적으로 설명하였습니다.

통변대학은 동양고전점술의 금자탑이요 溫故知新으로서 만리天命과 더불어 동양점술의 쌍벽을 이루며 陰陽五行의 眞理를 연구하는데 金科玉條가 될 것입니다.

통변대학은 사주의 백과사전으로서 사주와 운세의 분석과 감정에 만능교사가 될 것이라고 확신합니다.

본 通變大學으로 공부하시는 학인들은 학습지도교수가 궁금증이나 의문사항을 문의하시면 직접지도 해드립니다.

지도교수 김동환 070-4103-2367 (변만리역리연구회장)

　通變大學 : 4 / 6배판 390쪽 내외 정가 25,000원
전화02)926-3248 도서출판 **資 文 閣** 팩스02)928-8122

新四柱講義錄 全3卷 完刊
독학으로 공부하는 강의록

 역술계의 巨星 변만리 선생님의 力作인 新四柱 강의록은 필경사를 동원하여 직접 手記로 쓴 책으로 후학지도 용 교재로만 오랫동안 사용 되었으나 선생님께서 타계하신 후 학인들의 열화와 같은 요청에의해 서점판매를 결정하게 되었으며 초등반 고등반 대학반 전3권으로 완성되었습니다. 지금부터 전국대형서점에서 만나보실 수 있습니다. 신사주학강의록 전3권만 정독하시면 최고의 도사요 달변술사로 성장 할 것입니다.

이 책의 4대 장점
1. 이론이 간단해서 쉽게 배울 수 있다.
2. 개성 적성 지능을 척척 알 수 있다.
3. 누구나 쉽게 이해 할 수 있도록 엮었다.
4. 실례 위주로 흥미진진하게 풀이하였다.

본 강의록으로 공부하시는 학인들은 학습지도교수가 궁금증이나 의문사항을 문의하시면 직접지도 해드립니다.
지도교수 김동환 070-4103-2367(변만리역리연구회장)
4/6배판 540쪽 내외 정가38,000원 변만리 저 자문각

여산서숙 역술도서

손금의 정석1,2

손금을 보면 인생이 보인다.

손금은 두뇌사전 이라고 한다. 손금의 이해를 통해 인생길의 방향을 정하고 숨은 재능을 찾아내어 인생길의 역경을 이겨내야 한다. 손금닷컴 유종오 원장이 심혈을 기우려 풀어놓은 손금해석의 정석이다. 손금닷컴 유종오 원장이 심혈을 기우린 역작으로 손금 최고의과정이다.

손금으로 자신의 운명을 개척할 수 있다.

 손금의정석 1권 신국판 270쪽 내외 컬러판 값 20,000원
 손금의정석 2권 신국판 320쪽 내외 컬러판 값 20,000원

사주의 정석1.2.3.

사주의 모든 것이 이 3권의 책에 담겨졌습니다.

기초에서 해설까지 완벽한 사주의 정석이다. 말문을 확 트이게 하는 여산선생 특유의 비유법인 "짧은 표현으로 거침없이 말하라"는 통변비법을 이 책3권에 듬뿍 담았습니다.

 4/6배판 350쪽 내외 각권 값 20,000원 여산서숙 펴냄

여산서숙은 역술도서만을 정성껏 출판합니다.

전화02)926-3248 도서출판 **여산서숙** 팩스02)928-8122

命 理 3
십천간 월별론과 사례분석 연구

2022년 05월15일 1쇄 1판 인쇄
2022년 05월20일 1쇄 1판 발행
편저자 / 김동환
발행인 / 김동환

발행처/ **여산서숙**
주 소 / 서울특별시 종로구 종로346
(숭인동304번지)욱영빌딩 301호
전화/02)928-2393 팩스/928-8122
등록/1999년12월17일
신고번호제300-1999-192
ISBN 978-89-93513-46-2

값 15,000원
무단복제불허
잘못된 책은 구입처에서 교환해 드립니다.